別讓 時的情緒，成為未來的障礙

徐竹＿＿＿＿著

〈自序〉

不要讓壞情緒拖累你的人生

每個人都有心情低落的時候，這時人很容易陷入萎靡不振的狀態，甚至產生悲觀負面的想法，而對周遭的人事物看不順眼，或慢慢對自己失去信心。這些無疑都會讓我們遠離幸福，脫離了生活的正常軌道。

情緒對我們生活的影響是漸進式的，像是一隻看不見的手正在慢慢摧毀著我們的人生，而且停留的時間越久，損害越大，這是我們不得不提防的。

隨著社群軟體的發達，許多人都會在上面表達內心的想法，抒發自己的情緒。一位朋友即因為突然失業，對他造成不小的打擊，讓他不得不過著捉襟見肘的生活，在煮了一餐簡單的菜餚和家中唯一的親人吃過飯後，突然深覺整個世界是灰色的，而在社群上抒發了負面的情緒。

在文中有兩個重點：一是他無法再像過去一樣過著揮霍的日子；二是他面對長輩的關切，總覺得自己很沒用。

工作的意義，是肯定自我，並且提供良好的生活，但人生未必一路順暢，我們難免有跌倒的時候。澳洲作家理察・弗拉納根（Richard Flanagan）說：「不快樂的人，除了過去，什麼也沒有。」所以，別讓那些失意打擊我們，換一種角度去看待，它或許是個轉折點，看似不那麼美好，其實是轉機。

例如，你有更多的時間去做以前沒時間做的事，而且至少你還有愛你的家人，你有多久沒好好陪伴家人？和他們多聊聊天呢？

面對人生的不順時，人容易焦慮煩躁極其不淡定。如果能轉換一下念頭的話，這些都有助於你趕走那些自憐的心態，重新振作起來。

別讓壞心情停留太久，它猶如是一種病毒慢慢侵蝕我們的生活，而成為一種常態。

星雲大師說：「情緒是一時的，慧命是一生的。」生活只能前進，人生也是如此，與其在那裡自怨自艾，還不如積極動起來，找更多有意義的事情將生活填滿。

機會是靠自己創造、獲取的，並不是光等待就會從天上掉下來。

排除心中的障礙，包括那些低潮或衝動，用智慧去實踐你心目中理想的人生，才是你該去做的事。很多時候困境反而是我們學習的好的機會，讓我們看清現況，體會自己的不足，而不是用來打擊自己、困住自己的。

人最難的是處理情緒上的問題，一旦你克服這一關，不也代表你戰勝了生活中的惡魔，締造出更寬廣的人生觀。

目錄 CONTENTS

PART 1

別讓一時的情緒決定你的未來

PART 2

凡事別一股腦，亂衝動會壞事

PART 3

情緒可反應出一個人的智慧

PART 4

別讓情緒失控害了你

PART 5

為情緒解套，從此擁有好心情

PART 1

別讓一時的情緒決定你的未來

生命沒有挫折只有轉折，一切都是最好的安排

在一個經濟渾沌不明的現代社會中，很多人難免會碰上失業問題。不管你的職位有多高，行業有多麼令人嚮往，只要是在私人行業工作難免會出現狀況，意料不到的失業很可能降臨到身上。

有時失業不在於自己的問題，而是公司政策的改變，讓人不得不「打包走人」，相信那種打擊令人難以承受。不管怎樣，從一早醒來匆匆出門趕上班，有處理不完的大小事，到賦閒在家裡發呆，成了兩個截然不同的世界。很多人一時間適應不良，會陷入沮喪失意的狀態。

聽到一位朋友描述他失業的日子，語帶酸意的說：「我終於可以天天陪我老爸、老媽吃飯了……」

「我連孩子今天說了什麼、做了什麼事都倒背如流，我成了真正的『家庭主夫』了。」

雖然是玩笑的口氣，但任誰都聽得出來，其中包含許多失落感，這時恐怕食不知味，所有的苦只能往肚子裡吞，那種壓力只要是曾經「在家裡蹲過」的人，都能深刻體會。

但為什麼有人可以「重新出發」再創另一波事業高峰，有些人卻自此一蹶不振呢？差別就在於一個心態。《我們心裡都有病》一書其中一篇就說到：「受過傷的人不是只是習慣或是不怕痛，而是懂得解開心結而已。」當挫折形成一個傷口時，我們如果未能及時的好好表達情緒、好好排解舒緩，而選擇逃避，就會成為一個繞不過去的心結。

人的一生不是平靜如一潭死水的，它總有一些高潮迭起，有高峰就一定有低谷，碰到類似的狀況，會有沮喪的心情是很正常的，但那些情緒有些人只是一閃而過，很快消失；但有些人卻會讓負面情緒困擾的時間拉長，甚至越來越鑽牛角尖，最後讓情緒把自己擊倒。

就像是習慣用負面思維去面對問題的人，第一個閃過腦海的就是不好的念頭。善用正面樂觀的心態面對人生，就會習慣用積極的思考模式運作。當你無法控制情緒時，問題就會像滾雪球一樣越滾越大，最後你被那些壞情緒所控制，嚴重一點則成為憂鬱症。遇到逆境時，你用什麼思維去面對呢？你如何理解「逆境」這兩個字？美學大師蔣勳說：「面對逆境時，正是重新認識自己，重新訂定人生目標的最好機會。」所以，對逆境的理解，不能只看事情表象，而在於你解讀的角度。

你經常可以發覺：那些忙碌的人，永遠找得到有空的時間，同理可證，時間太多可以找得到做的事情應該更多才對，重點就在於你懂不懂得安排自己的時間。積極的人不會讓自己停下來，總是能替自己做許多的規劃，尤其身處低潮時，更需要加倍努力，才不會因為賦閒在家而開始胡思亂想起來。就算失落的心情難免，但別讓那些情緒占據你太多時間，盡量轉移焦點到別的地方，停止那些感嘆，多做些為自己加分的事情。

多負擔一些家事，多約些工作面試，和許久不見的朋友相約碰面等等，你也可以趁這段休息時間重拾塵封已久的興趣，或是培養新的技能。可以做的事情很多，問題就在於你願不願意「動起來」。

往好的一面去想：你有更多時間可以靜下來去分析過去的生活方式，乃至於對自己未來的規劃。有更多的時間陪陪家人、見見老友，有失必有得，這或許是另一種獲得，讓你有機會整理好自己重新出發。

有些人時間空下來會慌、有些人則覺得這是修身養性的機會……端看你如何去看待。有時候改變不一定真的不好，如果我們能隨時保持一顆正向的心態去面對。

當那些負面想法閃過腦海時，千萬別存著坐以待斃的心態，輕忽這樣的警訊而放任自己的情緒籠罩陰影。你應該把這個狀態當作一種提醒、一種警訊，讓自己重新振作起來，更積極去尋求突破的機會。

有時改變不一定是壞事，說不定可以開啟你另一條道路。只要別忘記：不要光說不練，而是展現積極的行動力！那麼你就不會被情緒所控制，而能掌握自己的命運了。

失業不代表整個人生的失敗，把這當成一種過渡階段，說不定正是你改變的良機。

停止負面情緒的不斷累積

有時一觸即發的情緒，表面上看來很單純，卻可能已經累積了一陣子的負面能量，一旦突然有個導火線，就會一口氣爆發出來。這時候，人就會全然失控，根本不在乎後果如何，一味的衝動很可能替自己帶來傷害。

因此懂得適當的抒發心情是很重要的，就像把不好的毒素排出去，還自己一個乾淨、平靜的心靈。這不僅有益身心健康，也可以避免焦慮感不斷上升，直到自己無法控制的地步。

我們常常會被身旁的人突然的情緒反應嚇一跳，好像明明沒這麼嚴重的問題，為什麼對方會有如此激動的反應呢？進一步了解，可能對方老早就對某件事、某個人有疙瘩存在，或是有嫌隙、不滿，沒有當下處理，一直隱藏這樣的情緒，可是負面情緒已在心底滋生、累積，而後就容易因一件相對不嚴重的事引爆開來，令外人看來似乎太小題大作了。

曾經在租屋時，發現A室友突然對另一位B室友的態度不好，不是不搭理，就是臭臉相向。大家都不知道到底發生了什麼事。

在其他人主動關心詢問後，才知道原來是某回A室友冰箱裡的食物被對方拿走了，心裡很不舒服。

「但是我問過她，她說我可以先拿去用呀！」B室友一臉無辜說著。

其他室友機警問了句：「那你是不是先斬後奏？」

「是……是這樣沒錯……」B室友也坦白說。

這下子真相大白。原來A室友是在不高興這一點，因為B室友這樣的行為已經不是第一次了，雖然表面上A裝成沒事的樣子，但心裡其實很介意。

於是最後在大家的勸說下B室友主動向A道歉，並且表明以後不會再有同樣的行為，情況才逐漸好轉，也讓其他室友不再生活於緊繃的氛圍之中。

幸好這場情緒風暴很快就消彌了。但很多時候並不是如此幸運，因為不知如何表達情緒，一味壓在心裡，最終情緒爆發，難以收拾。

如果把情緒譬喻為一條河，很多人面對負面情緒的處理方法，就是建起高高的堤岸，將它圍堵。可是水流越積越多，突破堤壩，泛濫成災。爆發的情緒化反應讓人措手不及，不了解的人可能不知箇中原因，誤以為對方在吹毛求疵或是脾氣太暴躁，最終問題沒有解決，還因情緒反應招致反效果，而把其他人也捲進風暴之中。

因此在這裡要了解如何控制自己的情緒，就需要一些訣竅：

首先要了解控制跟壓抑是不同的，我們必須學會用理性來控制自己的行為，但卻不宜過度壓抑。有些不滿應及時反映出來讓對方明白，而不是積壓在心裡，替情緒找尋適當宣洩的管道才是適當的。

發洩情緒的方式有很多種，不一定要怒氣沖沖才算發洩，你可以透過繪畫、釣魚、散步、運動等等，除了有助身心舒緩，更可以讓你保持冷靜。

不要把不滿堆積在心中，適時找尋抒解的方式，可以避免情緒大爆發，傷了自己也傷別人。

別讓情緒限制住你的腳步

有時限制住你的，不是外在的環境而是自己本身。

人是很情緒化的動物，你可能因為一句讚美而心花怒放，一整天有好心情，也可能因為一句批評便整天都不好過。

別輕忽情緒所帶來的阻礙，因為沒有一項重大的成就會是在情緒低落時完成，也沒有任何一個明智的決策會在這時完成。好心情令人振奮，對人有激勵作用；壞情緒讓人委靡，容易深陷苦惱之中。

聽說好友小琳剛解除婚約，還是男方提出的。對於年紀已經不小的她，這是個莫大的打擊。

小琳已經是坐三望四的年紀了，眼看身邊的同學、朋友一個個成家，小孩都已經快比自己高了，朋友聚在一起說著「媽媽經」時，她顯得格外落寞。

原以為可以「脫單」，卻沒想到被毀婚，這對她的心理打擊不小，她的性格因而大變，始終處於情緒的低谷。

心情影響了她的外表，她不再喜歡打扮，整日邋邋遢遢，當然更難吸引異性的目光，連平常喜歡的工作都提不起勁來了。原本老闆有意升她為主管，但看她得過且過的心態，便把機會給了別的同事。

這對小琳又是一個不小的打擊。

面對壞情緒所形成的惡性循環人生，小琳不想留在公司，卻又提不起勁來轉換跑道。她在感情上的失敗，也影響到她往後對異性的不信任。小琳的惡性循環人生，得由她自己親自打破，沒有任何一個人可以代替她打破，但那天何時到來呢？

俗話說：「一個能影響你心情的人，肯定是你最在乎的人；一份能左右你悲喜的情，肯定是你最看重的情。」當我們情緒低落時，的確會覺得做什麼都了無興趣，既使有好的機會也讓它平白流失，只想把自己關在小小的世界，覺得那才是安全不被打擾的世界。

這樣的情緒綁架了自己，也阻礙了追求幸福之路，讓你覺得自己像個失敗者，然而這全都是情緒作祟，我們在情感中已先否定自己，而不是真正無能。

人最怕的就是絕望，是你對自己宣告失敗，未戰先投降。

因此，情緒處在低潮時，應該跳脫目前的處境，看看外頭的世界，這有助於你冷靜思考：是不是自己被目前的狀態所束縛，是不是浪費了太多精力在毫無意義的事情上？

有時情緒是自己製造的，有些則是受到影響——有些人善於玩弄別人的情緒來控制對方，自己不如意卻想拖著別人下水，然而你願意當那個被耍弄的棋子嗎？

如此居心的人固然可惡，但我們隨之起舞更是愚笨，等於遂了對方的心願。一旦我們的心情被攪亂，也就很難判斷事情的對錯，對我們來說是百害而無益的。

想想生命何其短暫，我們所有的心思應該放在追求更有意義的人生。對那些別有居心的人，我們實在無須浪費太多精神在上頭，否則只是虛耗人生罷了！

別讓心情阻絕我們的發展，你必須明白的是：困住你的不是能力問題，而是情緒作祟而已。

情緒不佳時的說話方式，最見一個人的教養

那些不經思考而說出口的話，可能是在氣憤之下的胡言亂語，你認定那只不過是個「氣話」，認為一旦過去了應是雲淡風清。但說者無心聽者有意，對方卻不一定當你是「一時糊塗」，這些話造成的傷害往往比你想像的力道還猛……

一位朋友跟男友相戀十年才走進禮堂。或許是太過熟悉，也可能是習慣，每當兩人有摩擦、心裡感到不舒服時，她總是衝口而出說：

「我們離婚吧！」

她以為彼此的感情已經夠堅固，這不過是隨口說說而已，目的還是希望引起對方的注意，希望對方多關懷自己一點。

沒想到半年後，忽然在一次脫口而出時，男方受不了回了她一句：

「好吧！如果你這麼想的話……」

當下朋友真的傻了。她以為對方還會像以前一樣哄哄她便沒事了，卻沒想到竟然得到這樣的答案。朋友頓時啞口無言，不知怎麼轉圜。

好強的她因一時拉不下臉來，氣憤回嘴：「好呀！那就離呀！」

沒想到，兩人竟然真的就在衝動之下辦了離婚手續，等到那張紙到手，朋友後悔也來不及了。

她心裡其實很想懇求對方回頭，無奈自尊心讓她做不出來。

「我其實不是認真的，怎麼知道會變成這樣的結局。」朋友哭訴著，其實她心裡還愛著對方，覺得那不過是氣話而已。

沒想到一年後，前夫交了新的女朋友還訂了婚，一切覆水難收了。

這就像在職場上，特別是那些在公司占有一席之地的人，如果經常把「老子大不了不幹了！」這樣的話掛在嘴邊，以為公司不能沒有他。那就大錯特錯了！

事實上，沒有人是不可被取代的。

尤其一個職場是靠著眾人的力量運作，並非個人的創業園地——除非你是老闆，經常把這類的話掛在嘴邊，會讓老闆認為你的向心力不夠，隨時真的要走人的樣子。

說不定老闆在背後早已經另尋「備胎」，你還被蒙在鼓裡。於是很可能在下一次說出這樣的話時，老闆也會毫不留情真的請你走路了。

在每個層面來說都是一樣的，無論親情、工作、友情，表達意見一定要三思而後「講」，尤其是那種絕情的話。有時寧可不說，也比冒冒失失脫口而出好。那些污衊的言詞還可能令你陷入法律糾紛，逞一時口舌之快是如此得不償失，怎能不格外謹慎小心呢？

在情緒超乎理智時，最容易說出傷人的話，然而沒有人需要當你情緒的垃圾桶，就算家人也一樣。學會控制自己的嘴巴是一種修養，如果你不希望因為那些話壞了你的人生，就應該學著在情緒激動的情況下閉嘴。

發洩情緒有很多方法，我們最好選擇不傷害別人，也替自己留下退路的方式，如出門喝杯咖啡、散散步或是去運動，亦或是打開電視，用別的事情來轉移自己的注意力。不管你用什麼方式，及時跳脫當下的氛圍是重點。

一旦你停止鑽牛角尖，就能控制住你的情緒，慢慢讓自己冷靜下來，之後再用溝通的方式解決問題，而不是利用一種「說氣話」的方式。

當下的念頭，千萬不要輕易出口，有時那不過是一念之間，卻容易讓別人當真。

失控的情感

有時當感情走到某一個程度，讓人以為穩定了，對方成了自己生活的一部分，似乎也離不開你，於是在很放心的情況下，有些人便不知不覺露出本性，或者說失去了應有的節制。

相信很多人都有這種經驗，在家人面前我們不會矯飾，想發脾氣就發脾氣、看不順眼的便直說，甚至到了口無遮攔的地步……因此甚至有時我們傷害了家人而不自知，無論是兄弟姊妹或是親子之間，有時就是因為距離太親近，反倒成了我們情緒任意發洩的對象。

但對外而言，無論你再好的朋友、再親暱的另一半，每個人來自的家庭背景不同，如果把對家人習慣性的壞脾氣放到他們身上，不但很不公平，甚至可能會讓你從此失去一份最珍貴的情誼。

最近聽說朋友她離婚了，讓人很驚訝的是當初兩人熱戀是不顧家人的反對，幾乎以「私奔」的方式辦理結婚登記。然而雙方以為十分堅貞的愛情，卻因為先生一次次火爆的脾氣，最後落得遺憾收場。

「他那次發了很大的脾氣，傷害了我，也傷到小孩，我已經忍無可忍了。」據朋友的描述，這似乎不是第一次，每次前夫發完脾氣馬上就後悔，可以向她聲淚俱下的跪求原諒，用鮮花、旅遊來挽回她被傷害的心。

但下一次對方又會故態復萌，為了一點小事而大動肝火，讓她始終處於一種恐懼的壓力之中。直到這次傷害了小孩，把她逼到崩潰的邊緣。

說起令她前夫大發脾氣的理由，有時只是一些不起眼的小事，或是在外面聽了「朋友」說些什麼，就信以為真，甚至開始懷疑老婆的不忠。

但最大的問題在於對方不是先聽她的解釋，而是先發一頓飆，即使最後對方明白真相，但傷害已造成，一次又一次讓朋友對這段婚姻感到心灰意冷。

相信沒有人能容忍這樣的事情循環發生吧！

即使對方不斷說要改，事後也懊惱萬分，但是一個控制不了自己情緒的人，就像一顆不定時炸彈，讓身邊的人倍感壓力。直到無法忍受，朋友她終於做出最痛苦的決定，但那一刻她心裡卻覺得整個人輕鬆許多，甚至想開瓶慶祝了！

可是她前夫呢？可想而知，那位前夫一定百般想挽回，但不管他做出任何舉動都已經無法彌補所犯下的錯誤了。

朋友的前夫犯了一個很大的忌諱，就是對最親的人失去「界限」。沒有一個人可以接受別人的胡鬧，除了自己的父母。而會對最親的另一半，還像個胡鬧的小孩，代表著人格不夠成熟，始終停留在嬰幼兒階段。

但是另一半並不是你的父親或母親，沒有人有義務要去忍耐包容別人的一切。因此那種毫無顧忌的發洩脾氣，很容易破壞最親密的關係。直到對方不想在忍受當一個「胡鬧孩子的家長」，你才愕然發現，自己已是最大的輸家了。

我們往往對陌生人懂得制約，更注意禮貌跟尊重，卻忽略了對最親近的人的態度。如果能抱持著尊重的心態，無論親疏遠近，都能在對方面前約束自己的言行，這不僅是一種修養，更是為人處事成熟的態度。

在最親愛的人面前放任自己的情緒，那不是一種「真」，反倒是一種自私的行徑。在親疏之間的拿捏，不應該用此作為標準，否則不僅傷害了另一半，最後自己也會嚐到苦果。

不要因為距離而改變對人應有的尊重，這是維持親密關係重要的關鍵。

壞了你的計畫

情緒還可以是破壞計畫的殺手。

有時候我們明明對生活或工作已經有了明確的規劃，正朝著目標一步步前進，然而是什麼導致中斷、失敗，有時問題不是出在別人，而是自己的拿捏出了狀況。

情緒容易讓理智斷線，讓辛苦了大半的成績毀於一旦，當你陷在當下的情緒時一點感覺也沒有，往往等到惡果慢慢浮現才後悔莫及。

小平在學校時就開始半工半讀，出了社會頭幾年也很努力存錢。來自貧困家庭的他，最大的夢想就是能出國留學，希望擴展自己的眼界，也為將來打好基礎。

就在一切準備就緒，他也買好了機票，申請了學校，眼看一切即將成行，忽然他的家庭出了狀況。

原來他的父母並不贊成孝平這樣的規劃，這來自於父母的教育程度不高加上觀念保守，一直反對他出國這件事，覺得他的工作穩定，有足夠的收入，而且可以支撐家中的部分經濟，小平一旦出國，非但二老他們擔心，也關心後續無法掌控的未來。

父母的觀念守舊，認為他應該乖乖抱著那份穩定的工作，然後娶妻生子，才是一個「正常的人生規劃」。

當然小平跟父母在這一點觀念上不斷衝突……沒想到就在要出國前幾天，他跟父親起了很大的衝突，他一氣之下，當著他們面前把機票給撕了。

「這樣你們開心了吧！」小平說。他以為當了「孝順的兒子」父母就會開心，後來卻發現結果是自己過得很不開心，連帶整個家的氣氛也變了。

過了幾年，他依然對當時衝動的行為感到後悔，如果當時他可以再心平氣和一點，和父母好好解釋清楚，即使不被諒解，至少他走的是自己選擇的人生，也不至於像現在過著不快樂的人生。

情緒是「一念之間」，你用短短的時間替自己的未來作了決定，還是在非理智之下的決定，可預見這樣的未來絕對會讓你後悔不已。

很多事情是自己可以決定，尤其是你的未來，你想怎樣過你的人生，不需要被一些親情或是任何人綁住。當然每個人的人生不盡相同，有些人選擇平平凡凡，認命認份的度過，但有些人懷抱著志向，勇敢闖出自己一番天地，這之間誰好誰壞沒有絕對。

當你決定好如何規劃未來時，就不該意氣用事，讓自己之前的努力毀於一旦。所有的壓力要懂得去調適與克服，這不是別人三言兩語就可以輕易決定的，你更無須屈服於壓力之下。

有時親情是我們掙脫不了的包袱，嘗試去溝通而不是妥協，因為你人生的自主權還是在自己手上。為了一時的意氣用事，改變了自己的規劃，那是最令人惋惜的。

有些事錯過了，就很難再追回，尤其是歲月。年輕時海闊天空任你追尋夢想，你有著更多機會去嘗試、去努力，該堅持的就應該堅持下去，別讓一時的衝動毀了你的前程，賠上美好的未來。

即便有著千萬個理由阻擋你的計畫，最不該出現的行為就是在衝動之下改變了當初的決定。

任何完美的規劃最容易被破壞的，就在於情緒的失控。

承擔無謂的後果

如果我們還像小孩一樣無理取鬧、亂發脾氣，你想結果會怎樣？不會有人來幫你擦屁股，也沒有人會原諒你的任性，所有的後果都必須自己承擔。

有些事情是屬於節外生枝不必要的，如果我們能更加理性，比事後花雙倍的力氣來善後更省事多了。

偏偏很多人像日子過得太爽了，總愛惹些事端。明明不當做的，卻一時衝動下沾了個邊，把生活攪得一團亂……。

冷靜下來之後，多半對自己衝動下的行為感到懊惱，但沒有人會幫你解圍，問題最終還是歸於自己身上。情緒化的作為就像是喝醉的人一樣，有人說「借酒裝瘋」也罷，你覺得發洩完就沒事了嗎？

小陳一直是個優秀的教師，在家長心目中也有相當的口碑。

一次他班上轉學來一個頑皮的學生，這位學生不知道轉過幾次學了，都是因為品行問題讓學校難以接受。小陳自認為以自己的能力一定可以感化這個孩子，特別主動接受這學生來到他任課的班級。

原本是一番好意，小陳也努力想做好一個老師的職責，無奈事與願違……

這幾天因為小陳家裡婆媳起了很大的問題，太太吵吵鬧鬧著要搬出去，單親家庭長大的他又是獨子，怎麼也放不下年邁的母親。於是夾在兩個女人之間的戰爭，讓他心情變得相當煩躁。

他不知不覺也把這情緒帶到教室來，平常在學生眼中那個慈祥的老師，突然變得嚴肅，繃著一張臉讓學生們都很不習慣。偏偏那個轉學生根本沒把老師放在眼裡，依舊在那搗蛋惹事。

那位轉學生就在一次剛好當值日生，他竟然在打掃中故意打翻水桶，害得同學的作業簿整個都弄濕了。這動作讓小陳整個理智斷線，抓起轉學生就是一個拳頭過去。

這件事震驚了整個校園，對方父母跑來鬧，校長更無法容忍老師這種暴力行為，於是小陳被停職了。

這對他的職場生涯無疑是個重挫，事後能不能再回校園執教都不一定，讓他後悔莫名。他因為個人的家事問題牽連到工作職場上，沒有人會去探究他背後的原因，而他造成的問題也只能自己承擔。

學會處理自己的情緒是永遠都得學習的課程。別過度自信，高估自己的控制能力，以為任何時候、任何事都難不倒你。以為自己夠冷靜，絕不會出現失控的情況。

但人算不如天算，你怎知那天自己會突然失控，當一堆鳥事全擠在一塊的時候，有時不是你去惹人家，別人可能來招惹你，特別當你生活陷入低潮時，好像很多不如意都一件件發生了。自問，你還能時時保持冷靜，不被他人激怒嗎？

人非聖賢，誰又真正能拿捏好尺度，讓自己不致犯下大錯？所有的失誤跟無法控制自己的情緒有關。如果能在衝動行事之前先給自己幾秒鐘的時間，想到後面可能牽連的事，衡量這樣做的後果，那麼，你恐怕會嚇出一身冷汗，趕緊停住了吧！

別以為別人應該體諒你，了解你犯錯背後的因素。凡事都在一念之間，如果你只是「想法」而沒有表現出來，沒有人會在乎，但一旦把那個不好的念頭付諸實現，那麼就不可原諒了，甚至一時的衝動會把你給毀了。

先想到後果，再決定要不要這樣做。

勿遷怒他人

找尋情緒的出口最糟糕的一點就是：遷怒他人。

無論我們心情好壞，那是個人的事，你可以自己難過、傷心，至少那是你可以好好處理的情緒，一旦牽扯到別人，只會把問題越搞越糟，超過你能力所能控制。

別人要選擇閃避或安慰都是他們的選擇，我們不能要求別人一定要如何對待，但如果把個人的情緒強加到別人身上，這就有點像是「強迫症頭」，所遭致的反彈往往會讓問題變得更複雜。

就是問題明明不在別人身上，你卻硬要找個「代罪羔羊」，好讓自己的情緒有發洩的出口。但別人何其無辜，為什麼要替你承擔？你不僅已經有了麻煩在身，還找人家麻煩，更難得到別人的支持和諒解了。

最常見到的狀況，就是在意外發生時，本是不可逆的現象，但受害者卻開始把茅頭指向旁邊的人。有時連好心幫忙的人也莫名其妙遭殃，替人背黑鍋。這不是自私是什麼？

當然，當我們覺得自己受害時，希望能得到更多的支持與同情，引起更多人的關注。那種慰藉有助於自己重新站起來，可以感受到一股溫暖跟鼓舞的力量。但要得到同情並非找個人頂罪或出氣，這就像明明自己溺水了，還想拖人下水一樣，失去將心比心的態度，以後還有誰敢出手相助？大家巴不得逃之夭夭才能全身而退。

把自己的不幸遭遇牽連無辜者，這只會遭致更多的反感而不是支持，就算很值得同情的狀況，也會落得被唾棄的地步。

以前上班時，公司就有一名這樣的頭痛人物。

他看起來工作很認真，甚至到了一絲不苟的程度。對許多細節的要求常會讓跟他合作的同事跳腳。

你以為這麼要求完美的人就不會出錯嗎？

錯！這位看起來無可挑剔的員工，卻成了同事們眼中避之唯恐不及的對象。倒不是因為他的要求，而是每當他一被抓到犯錯時，還沒檢討自己就先把問題推給別人，尤其在會議當中，這是他的拿手絕活。

「小黃，上次你幫客戶處理的案子，客戶有些意見……」只要上司一對他的工作有所挑剔，這位同事的反應立刻會是推托給他人。

「主管，我有請小黃修改，但他顯然沒有做到……」

這讓負責跟他配合的同事小黃心頭很不是滋味，據那位小黃同事私下表示，根本就沒他說的那回事。這情況已經不是第一次發生了，你覺得大部分的人會選擇相信誰？

最後那位「認真」的同事在眾人的排擠之下，默默離開公司。記得離去之前，他依舊不放過把責任推到別人頭上的毛病，說：

「都是小黃在我背後搞鬼，否則主管不會那麼討厭我的……」

相信這個人不只在職場，在生活上也挺令人討厭的吧？

那些習慣推卸責任的人，只會得罪越來越多人，把自己的路弄得窒礙難行，這一切都怨不得別人，全然是本身的問題。

哲學家摩爾曾說：「要懲罰一個人，最好的辦法就是讓他經常處於憎恨他人的不安中。」

要能得到別人認同的人，最先要懂得如何排解自己的心情，勇於承擔自己造成的過失。這不僅是一種成熟的態度，也是做人做事基本原則。如果連自己的情緒都無法控制好的話，又如何能贏得別人的信任，擔當更重要的任務呢？

與其檢討別人，不如先檢討自己為先，這才有助於我們在錯誤中學習，得到寶貴的經驗。

習慣怪東怪西的人，正突顯自己無能的弱點。

還會更糟嗎？

通常我們情緒陷入低潮時，往往像是看不到路的盡頭，不知道這樣的痛苦何時終了，自己被重重的陰霧所包圍。

沮喪、難過都會讓我們產生許多負面的思維，將我們帶入一個無底深淵，甚至有人會覺得自己「完蛋了」、「我真的一無所有」，但事實真的是這樣嗎？是不是很多時候，我們只是被情緒綁架，失去了客觀分析。

當然，如果你絕望、對生活失去信心的話，那麼的確等待著的是繼續淪落，如果能換個角度告訴自己：「情況不能再壞了！」這一念之間，重新燃起希望，那麼等待你的，將會是更好的明天。

我們最熟悉的肯德基創辦人何嘗不是歷經生命低潮，好不容易創立的餐廳倒閉之後，才精研出炸雞的獨特配方，而受到全美歡迎，進而成為世界連鎖速食店。

沒有人能宣布你失敗，除非你自己承認。生活本來就是起起伏伏，有高潮也有低潮，這也是自然循環的規律。失意不過是一時的，人生很漫長，只要你不被自己擊倒，沒有人可以宣告你失敗。

不讓自己待在谷底太久，讓不幸成為習慣，而是替自己不斷找尋機會，這才是你該專注的功課。

與其陷在憂愁當中，還不如找出挫折的原因：是你不夠認清自己，還是識人不清？

所有招致失敗的結果，都有其因素，我們必須從內心去釐清，並努力改變別人的印象，而不是放任情緒讓自己遭受第二次打擊。

如果對自己有足夠的信心，你就得拿出本事給別人看，讓那些否定你的人自然退卻，成功自然朝你靠近。這都是必須積極的行動，而不光是等待機會而已。

用自己的力量站起來，而不是低頭求饒——

如果別人要找麻煩、處處打擊你，那麼你繞個路、轉個彎，依然可以找到屬於你的世界。避開了那些擾人的事物，可悲的是對方而不是你，不需要像滾雪球一樣跟對方糾纏個沒完沒了，不是嗎？

不如把那些情緒轉化成一股動能，幫你克服困境、扭轉命運，當你證實了自己的能耐，憂愁自然遠離，你也沒多餘時間去字自怨自艾了！

相信雨過總會天晴的，當你認定這就是低點不會更壞了，就是將重新展開人生的時候了。

當壞到谷底，就是該翻身的時候了。

PART 2

凡事別一股腦，亂衝動會壞事

衝動只會壞事

許多時候我們的失敗往往源自於「一時興起」，這種只在乎當時的「感覺」，而沒有經過深思熟慮的行為，並不會給我們帶來多少好處，等平復心情之後，所要面對的恐怕就是：「倒大楣」了！

尤其在我們獨自面對問題時，沒有人從旁攔阻、也沒有人的提醒下，正是最容易貿然行事的時刻了。你所有的舉動淪為情緒化的行為，可能覺得「輸人不輸陣」，為了短暫的面子而替自己埋下「地雷」。

我們已經是成年人了，你所有的行為不會有人來幫你擦屁股，也沒有人會這麼大肚量包容你，你的一舉一動都會被放大檢視。那代表了別去奢望別人站在你的立場著想，體諒你那些幼稚的行為。

我們經常可以從身邊的同事、親友看到這樣衝動的例子——

一位同事立人（化名）因為好不容易談成的案子，卻被主管搶了功勞。這樣的事任誰都會覺得委屈。個性好強的立人當然嚥不下這口氣，立刻越級上報，跑到經理辦公室拍桌子。

「憑什麼主任可以把所有功勞攬在自己身上，這明明是我談成的……」

經理當下趕緊說些好話，試圖安慰立人，還把主任找了進來。沒想到立人當下更是破口大罵，搞得場面相當難看。

最後立人丟下一句：「如果是這樣的話，那我不幹了！」

立人掉頭就走，離開公司想好好冷靜冷靜。

立人隔天請了假，一連幾天沒去上班，當他回到公司時卻意外接到開除通知。這讓立人相當傻眼，因為那個簽呈還是主任簽名的。他以為自己可以越級拿經理當靠山，卻怎麼也料不到，其實經理跟這位主任根本是同一國的，而他只是一個小小的基層員工，經理怎可能挺他而不挺自己的直屬部下呢？

儘管立人在公司的表現相當不錯，他也十分喜愛這個工作，卻只得打包走人，心中十分難捨跟遺憾。

爭一時之氣其實不能替自己帶來多大好處，有時候我們會感到委屈、不甘心，但如果可以退一步想想，在你想去找對方理論，想把事情大肆張揚時，你是否已經站在自己最有利的立場了呢？

情緒是最容易讓我們忽略現實，站在一個狹隘的眼光下反應你的不平。這時你絕非是理智的行動，而淪為一種看來十分幼稚的行為。

你認為的公平正義也是要有伸張的時機點的，有人可以當下拍桌走人、另創江山，那得惦惦斤兩，看你有沒有那種資金或靠山。沒有思前顧後的人，是成不了什麼氣候的。

不僅僅是工作，舉凡感情或友誼都一樣，我們都得為太過情緒化的作為承擔後果。等你平靜下來，一定會非常後悔當下的行徑，因為短暫的「快感」而賠上的損失，有可能一輩子都挽救不了。

「我可不可以等一下再回覆你……」

「等我想一下再說。」

如果我們能給自己一些時間、多留一點空間轉圜，或許等你冷靜之後，你的想法又會跟先前的完全不一樣，能用最妥善的方式去解決所面臨的問題。

有時我們需要多一點的時間和空間周詳考慮。

謠言需要被證實

有一種最容易引起人心不悅的，就是那些紛紛擾擾的流言……

民國初年一代影后阮玲玉不堪謠言的壓力而走上絕路。人言可畏，可見謠言對一個人的殺傷力，輕則讓自己鬱鬱寡歡，重則影響一生。

畢竟我們都需要人際間的相處，也無法完全杜絕在人群之外，別人怎麼說，我們很難控制。那些流言半真半假，殺傷力卻不可忽視。如何調整自己的心態，去面對那些蜚長流短，有待智慧的考驗了。

如果無法杜絕於那些風風雨雨，就可能遂了某些人的意圖，輕易將自己的未來斷送於流言之中。

最近碰到一個鄰居在樓下歇斯底里的哭泣。我好心過去關心，原來她是聽到有人在她背後七嘴八舌的批評。

「為什麼對方要這樣講我？我根本不是這樣的呀……」看到她快崩潰的樣子，幾乎看到每個熟識的對象，都想抓著人一一解釋的模樣，讓人不禁一邊同情、一邊也覺得這人未免太小題大作了。

有些事的確本來沒有的事，但有些卻是自己大嘴巴說出來，到後來被人在後面批判得體無完膚，這樣要怪誰？

如果知道周遭「閒人」太多，最好就是保持沉默，免得惹得一身腥。又如果自己沒做過卻被污衊了呢？這時更是需要保持冷靜，找一、兩個信得過的人「放消息」就好。自然而然會有人幫你「消音」。何必急於一時，把自己推入情緒的泥沼裡。

另外曾認識一位同行，因為我們前後待過同一家公司，和她算是間接經由同事介紹認識的。一開始跟這女生聊得蠻契合的，也相當欣賞對方的個性。

但慢慢的，從別人那裡聽到關於她的謠言滿天飛，很佩服她的是她從來沒在我面前透露一丁點口風，也未曾聽她抱怨過這方面的困擾。有趣的是，那些明明在後頭說她是非的人，一來到這位朋友面前立刻封口，態度甚至還矮人一截。惹得我在一旁看得傻眼，好奇這位朋友怎麼有這股氣勢。

我從旁觀察許久，在和這位朋友認識了一段時間之後，才試探性的問：

「你知道有人在背後講你嗎？」

沒想到那位朋友的反應冷冷淡淡的，既沒問我聽到什麼風聲，也沒急於替自己澄清，好像一點都不關己事似的。

「喔？」她淡淡的從鼻孔哼了一聲，「如果我連這些都要在乎，那不煩死了？」

我聽了忍不住會心一笑，佩服這位朋友的定力。接著我們把話題帶到別的地方，開開心心說起最近工作跟生活上的趣事。

我這位朋友一直在工作、生活順心如意，也是人人稱羡的對象。我想來自於她面對問題的態度。她不會被那些無關痛癢的小話影響自己，她很確定自己的目標，除了專心讓自己更有成就之外，那些謠言她根本不屑一顧。

了解了嗎？

當你不為那些瑣事牽絆，就能集中精神去做你想做的事，甚至比那些施放流言的人更成功、姿態更高。那些謠言自然達不到效果，你也不會被那些惡毒的目的給擊倒。

作家大仲馬曾說：「制止誹謗最好的方式是摒棄它，企圖追蹤及駁斥，它只會跑得比你更快。」

究竟別人說什麼有這麼重要嗎？為什麼我們要將對自我的肯定，交到別人手上？與其費心糾結謠言對你的傷害，還不如省下那些精神，將其放在自己的人生目標，畢竟幸福是掌握在自己手中，而不是讓自己成為別人玩弄的工具。

會受到謠言影響是最笨的事，記得幸福是操控在你手中而不是別人。

趕走好的事物

人就像是一種磁場，當你好的時候全身散發正能量，吸引過來的也會是好的事物、好的人；但當腦海充滿負面思維時，所替你帶來的，也只是更多的麻煩而已。

為什麼當人走衰運時，會覺得怎麼就是越來越倒楣，似乎好的事物都離你遠去，做什麼事情都很不順遂。這其實是一種群聚的道理，什麼樣的環境會吸引怎樣的人群，而什麼樣的人也會擁有什麼樣的朋友。因此有人如此評論說：「如果要了解一個人，就從他交往的朋友觀察。」

當我們身邊都充斥著幸福事物，相信自己也同樣能擁有好心情，讓自己覺得是個幸福的人。如果老是跟喜歡抱怨的人在一起，不知不覺也會跟著愁眉深鎖。

可見一個人所散發出來的氣息有多重要，這不僅影響周遭的人，也會改變自己的生活。

如霖某天出門忘了帶傘。適逢雨季，平常她都會記得放傘在包包裡，但偏偏今天忘了，才到公車站牌便開始下起大雨。

她覺得倒楣透了，沒想到坐公車時一閃神踩了旁人一腳，被罵了一頓，接著下車時偏偏一腳踩進了水窪，那可是她最近才買的新鞋，眼看鞋子泡湯了，她簡直欲哭無淚。

帶著沮喪的心情來到公司，衰神似乎還沒放過她。她不僅無意中得罪了公司的「小人」，挨了主管的一頓刮，這時候似乎平常喜歡聚在一起八卦的同事全跑光了，讓她格外孤立無助……

這雖然看起來是相當倒楣的一天，一連串的「不幸」難道都是巧合嗎？

想必那些倒楣事都是一個牽動一個，就從一開始如霖覺得自己很倒楣開始，然後整個人心不在焉，以致頻頻出錯。這不能都歸於「運氣」，自己的情緒也要負很大的責任。

即使這時有好事發生，自己也不會注意到，因為不斷把焦點放在那些不如意的事情上，以致於不順的事情一連串發生……

《不是生活無趣，是你過得乏味》一書中提到：「你愈弱，這個世界就愈會對你肆意踐踏；你愈強，這個世界就愈會對你溫柔以待。」相信很多人也有類似的經驗。當你被一點挫折影響到情緒，連帶的一整天都不會好過。所有發生在身上的，都是因為負面情緒的反應，而不是真正「倒楣的一天」。

因此要讓「運氣」變好，不是繼續鬱悶下去，而是學會重新整理好心情，把自己調整到最佳狀態，那些不好的事情才能遠離，光抱怨是不能了事。

通常容易被自己的情緒所影響的人，表現出來的會是一個焦躁不安，甚至出現失常的舉止而不自知。這樣的情緒反應，會讓人覺得好像跟在一顆不定時炸彈旁邊一樣，最好能閃多遠就有多遠，有誰會願意聽你抱怨呢？

不管你平常是個多好的人，多麼有才幹，情緒化的結果，都會讓你所有表現大大扣分。如果要說自己倒楣，還不如怪罪情緒影響了你的判斷，讓你頻頻做出失序的行為。

最後導致貴人遠離、小人靠近。所以，別讓心情影響你，懂得適時調整自己的心情，再大的風雨也會過去，不如意的狀況也會因為你保持冷靜，而一一得到解決。

與其怪罪運氣，不如調整好自己的心情。

招攬是非上身

情緒化有一個很糟糕的後果就是——容易招攬是非上身。

正因為憑感覺行事，缺乏通盤的考量，很容易讓有心人見縫插針，讓自己莫名其妙惹了一身腥。

或許你不是這樣的人，但是你的行為卻給人一種誤導，留下不良的印象。事後再來辯駁當時的衝動，也是於事無補。

一位同事平常是個好好先生，也很熱心助人，舉凡有什麼工作上的疑難雜症只要找他，他一定義不容辭幫忙。就在主管也看好他的表現，打算替他升官時……當然這時小人便出現了。

覬覦那個職位的不乏其人，於是一個始終不滿主管的同事開始在他耳邊慫恿，編派一堆關於主管有的沒有的閒話。這位熱心的同事聽到了，原本是可以置身事外的，偏偏他一時的正義感驅使，在群組中寫下：「真是太過分了！簡直就是腦殘！」這樣的留言。讓那位小人同事逮到把柄，把留言截圖下來。

後來又假借請對方幫忙，卻自己故意把重要的檔案刪除，把這錯怪到熱心同事頭上。那位熱心的同事當然很不服氣，跟同事吵了起來，於是兩人鬧到主管那邊。

小人同事趁機把截圖上傳給主管，故意指責熱心同事是兩面人，說他是表面熱心其實另懷鬼胎。

那名同事當然忿忿不平，覺得自己被羅織莫須有的罪名，但這時卻已經失去了主管的信任了。

原本應該升職的機會拱手讓給了小人，他在委屈之下，也無法繼續在公司待下去……

熱心同事離職更給了有心者大好機會，因為他再也無法替自己辯駁了，此後公司還流傳著小人同事有此一說：

「如果不是他自己的問題，何必生這麼大的氣呢？」

一個人最容易受攻擊，就是最脆弱的時候是，失去理智的情況下，也就是最容易暴露自己的缺陷。這時別人一旦火上添油，讓人失控是太容易的事了。於是像連環套一樣，你不知不覺掉入陷阱中，以為自己站在公平正義的一方，卻不知道早已捲入風暴。

建立良好的形象很不容易，但卻可能毀於一旦，這就在於你能不能及時約束自己，表現出平常的風範。

別人不會因為你平常做了一百件好事而「永遠」稱讚你，卻會因為你偶而犯了一個錯而深留印象。負面的聲音總是蓋過正面的，這社會處心積慮想扯人後腿的人太多，而你一時的情緒正好給人機會，讓人有機可趁。

說穿了！就是在情緒高漲下，你所有的思緒都是單向的，你只看到眼前的目標，卻不會聯想到背後的因素，甚至替人背了黑鍋都不知道，只會傻傻往前衝。誰惹你生氣？你急於扳倒對方，防衛自己，卻缺乏周詳的思維。

當然在理智被掩沒時，你是不會想到這麼多的……

情緒可以讓天才也有弱智化傾向，這時的行為就像三歲孩童差不多，只會用吵鬧的方式來達到目的，不思其後果。最後的結局往往是出乎你意料的。

因此，如果不想麻煩上身，切勿受人的煽動而失去判斷。很多的是是非非不是當下就能判別，而是必須冷靜去分析。千萬別因為一時的情緒，害慘自己也成為別人的囊中物。

真理越辯越明，不急於一時下斷語。

夢想的絆腳石

為什麼說情緒會成為你追求夢想的絆腳石？最主要是情緒容易摧毀一個人的意志，讓人變得退縮萎靡，遠超過外在的影響。這已經不是面對挫折難關的考驗，而是先一步已經被自己所擊倒了。

試想，當我們懷抱遠大志向時，你的心情一定是亢奮的，精神奕奕恨不得可以馬上把事情做好做滿，對未來充滿期待。這時無論多大的困難都阻擋不了你，你等於有著率領著千軍萬馬的決心。

因為希望讓人隨時保持樂觀的心態，凡事都無所畏懼。

但如果某一天，心中忽然飄來幾朵烏雲，當你的心情陷入低潮，讓情緒征服了你，你可能把任何事都看成很悲觀，認為自己一定會失敗，那麼你真的會被這樣的意念導向失敗，宣告夢想的終結。

有志一直對音樂懷有遠大的夢想。從學生時代便開始嘗試投稿自己創作的詞曲。雖然一再失敗，但他從不灰心，直到一回，他的創作終於被注意到，一間唱片公司的老闆約他面談。

這對有志來說無疑是打了一劑強心針，心裡燃起希望的火光。他對這次的面談充滿期待……卻偏偏這時，他收到國外大學來函，他順利申請到一間國外大學。

有志的家人當然對這個好消息欣喜若狂，正當全家等著慶祝時，有志卻相當猶豫，告知了家人關於自己創作的消息。

父母並沒有因為這件事而有任何欣喜之處，反倒潑了有志一頭冷水——

「那是什麼好機會？能出國唸書才是真正的前途……」

有志對於不受到家人的支持，感到十分挫折。內心的壓抑頓時爆發開來，一氣之下，他跟家人鬧翻了離開那個家……

或許有人會以為有志後來會跟電影演得一樣：經過幾番掙扎奮鬥，終於成就了夢想。

但現實卻是，有志的確去唱片公司面談，他的作品後來卻沒有被發表。他因為跟家人鬧翻，於是他休學，靠打工養活自己。

那些夢想日復一日被現實消磨殆盡，他不僅沒有去留學，也沒在樂壇闖出一片天地。夢想已經離他越來越遠了，而今，他依然只是個打工仔……

夢想與現實之間本來就很難取得平衡的，有人為了夢想放棄一切，更有人為了現實而委屈自己。但無論選擇那一項都沒有絕對的好壞，重要的是你必須先清楚自己要的是什麼？

對你而言，什麼在你心中的比重比較重要，而不是出於意氣用事。

追求夢想當然是比跟現實妥協更加艱鉅，但所謂的逐夢踏實，尤其對於夢想，你必須對自己有更多規劃，有堅持到底的決心。不管最後結果如何，都得有概括承受的心理準備。

當然，有些人的堅持最後得到勝利，但別忽略了，失敗者永遠比成功者多更多。

我們當然必須向成功者學習，那些最後勝利者絕對是更能處理挫折，而且能在困境中保持樂觀的人。

如果我們在還沒踏出去之前，就已經被情緒打敗，那如何能面對未來的挑戰呢？

每個人的條件背景不同，在追逐夢想的計畫也會有所調整，千萬別讓一時之氣毀了我們的夢，而失去最後一道保障。

逐夢過程中，情緒才是最難克服的挑戰，那些無法掌控自己的人，很容易把所有努力都毀於一旦。

壞了形象

每個人都希望受人歡迎，為了贏得別人的讚美而努力保持一個完美形象。但這形象要建立很不容易，要毀於一旦卻很簡單，叫我們怎能不多加謹言慎行呢？

一個人的內心如何，很容易呈現在外表上，不管你如何巧妙的掩飾，還是會不經易洩漏出端倪。

當我們心情愉快時，臉上自然而然會散發光采，對任何人、任何事都充滿著正向的思維，這時恐怕最醜陋的東西在眼裡都變得可愛，但是一旦心情陷入陰霾，立刻覺得看什麼都不順眼，似乎每個人都跟自己作對似的，這就是一種內在對人的影響。

當我們處於順境時，會感覺一切似乎在自己的掌握之中，人也表現得很有自信，無論你說出的話、做出的決定，都會朝著對的方向前進。相信因為自信與開朗，無形中也替自己加分許多。

要保持這樣的形象就跟心情一樣，你不可能一直處於順境，當生活起了變化，生活不再充滿陽光時，如何調整自己的心態就很重要。

因為工作關係，曾經接觸到一些有知名度的人。表面上他們像是無懈可擊的「完人」，但私底下……常常又會讓你感覺：「這是同一個人嗎？」

說實在的，再怎麼維持完美形象，畢竟他們也是普通人，只要人都會有缺點，因此對於他們偶而表現出真實的一面，也就沒這麼大驚小怪了。不過這樣的真性情私底下表現還好，因為在親朋好友面前，大家還了解你，能替你著想。但如果因為一時衝動而公諸於世，那麼問題可就大了！

有些人會怪罪，為什麼自己現在遭人冷落了，好朋友變少，也不太在乎自己。這時候不如反省自己，是不是本身的生活起了狀況，讓你的行為舉止也有了改變了呢？

畢竟人都是現實的，當你表現得落寞無助的樣子，別以為社會上的人都是好好先生、好好小姐，也許剛開始還會表達關懷之意。但日子一久，若是自己還無法透過情緒這一關的話，別人也會對你產生倦怠而遠離你。

唯一能改變的是自己。有時不需要刻意把你的脆弱表現給每一個人看，因為沒必要奢求每個人都能了解你，你最不需要的不是同情而是支持。

也許你會覺得：「為什麼我要偽裝？」

但很抱歉的，這就是一種現實，大部分人都趨向於一個包裝美麗的世界，即使是幻想也沉醉於那一類包裝，這就是形象。捫心自問，有誰不希望得到讚美，希望受人喜愛。你的形象決定你受不受到歡迎、有沒有人緣。

你外在的表現，也會改變你內心的世界，彼此是相輔相成的。如果你能不斷告訴自己：「我很好，一切都會沒事。」很奇妙的，好像一切都會慢慢朝你所希望的樣子進行，因為你表現出來的樣子，形成你現在的生活模式，你是希望持續呢？還是破壞？

不想讓好不容易建立的形象毀於一旦，就必須時常保持冷靜而理智的頭腦，任外界如何風吹雨打也無法影響到你，這樣你好不容易建立的形象才容易維持住，而你的自我節制，不是虛偽而是贏得更多的敬重。

不要讓情緒毀了你好不容易建立的形象，這是一種自我約束，也是一項美德。

你用什麼方式溝通

要有良好的溝通，我們得先搞懂：究竟什麼叫「溝通」？一個良好的溝通，應該是達到彼此的共識，而不是非得照誰的意見去進行才對。

當別人跟我們有不同意見時，會想辦法去反駁對方是一般人的第一種反應。我們試圖說服別人來同意自己的想法，這不能說是誰對誰錯，只能說是每個人有不同的觀點，站在不同立場而已。況且每個人的背景經歷不同，想法很自然也會有所差異。

有時候可以用不同方式達到同樣的目的，那麼爭執點就會出來了：到底是按照你的方式好，還是對方的意思呢？如果互不相讓的話該怎麼辦才好？誰要退讓？

如果是更好的看法當然很明顯的能得到更多認同，但如果不是這樣，你跟對方爭得面紅耳赤，就顯得只是一種意氣之爭，而不是溝通了。

每個人當然都希望事情按照自己的意思去進行，但很多時候事情牽涉到他人，必須達成某種協議。良好的溝通，就是綜合大家的意見，做出最平衡的結論。如果這時要強出頭，無論是任何一方，都可能讓溝通失敗，形成一種意氣之爭。

在職場上，以及和朋友相處時，難免我們都會遇到這樣的狀況——

「小杜真的很不講道理，我跟他翻臉了！」

同事高明氣沖沖的對旁人說。

隔壁同事立刻小聲問：「怎麼了？你跟他私下不是很好嗎？」

「是呀！但他就是很難溝通。」

「怎說？」

「就是主管找我跟他合作一個案子，結果小杜非得要依照他的意見，我們才會吵了起來。」

「看來是個很難合作的對象呢！」那名同事說。

「就是說嘛！」

沒想到這位「旁觀者」原來就對小杜很不滿了，趁這機會又跑到主管面前打小報告，造成小杜最後被調職到一個毫不起眼的小單位了。

事後同事高明覺得很尷尬，因為他並沒有想要陷害小杜的意圖，但小杜卻根深蒂固的認為同事高明在暗箭傷人。明著爭不過他，就來「暗」的。

不僅兩人的友誼沒了，更成了職場上的「敵人」。衝突、懷疑在兩人心中滋生，將彼此的關係摧毀殆盡。

原本只是溝通上的問題，怎麼後來會到相互仇恨呢，這就是在溝通上用錯方法。彼此都太固執於自己的論點，最後形成意氣之爭，失去該有的理性。

處理任何問題只要參雜了情緒，就很難平和落幕。小至個人大到社會政治不都是這樣嗎？原本可以好好坐下來談，到後來卻演變成「全武行」，即便是飽讀詩書的學者到販夫走卒，都會因為情緒的失控，成了誰也不讓誰的失控局面。這都是一種失敗的溝通方式。

嘗試理解、站在對方的角度去思考，才能找出「說服」對方的最佳方式，而不是以情緒壓迫使人屈服。否則即使最後達到你的目的，卻也留下敗筆，引起更多的不滿，這是任誰也不樂於見到的後果呀！

所謂「溝通」是達到共識，而不是強迫誰聽誰的。

凡事別逞強

很多時候情緒來自於壓力，每個人能承受的壓力不同，如果太高估自己的能力最後崩潰的是自己。

經常我們會發現，有些人情緒會忽然失控，原本是一個很溫和講理的人，怎麼會出現讓人跌破眼鏡的行為？或許，這情緒早就醞釀其中，只是沒人發覺而已。這種令人意外的情緒爆發，不是出現在那些本來就心神不定的人身上，所以才會讓人格外覺得無法接受。

朋友A最近離婚了，好友們當然紛紛獻上安慰。表面上A也佯裝堅強的說：

「這小事打不倒我的。」

「是呀！你就要活得更好給對方看，把自己過得好才是最好的報復。」一位朋友鼓勵她。

這句話原本是沒什麼語病，而且還是時下的「流行語」。

沒想到看起來一直堅強的A，卻忽然情緒一個大爆發——

「你們懂什麼！」她嘶吼道。旁人也被嚇了一大跳。

大家你看我、我看你，似乎還沒回過神來，就看到A哭著跑出去。但真正了解她個性的朋友，卻可以理解她為什麼會這樣理智斷線。

原來A一直是對自我要求很高的女孩，無論求學過程或就業、感情，她一向順利，也一直成為別人誇讚羨慕的對象。這一次人生出現從未有過的挫敗，帶給她很大的打擊。

好強的她始終撐在那邊佯裝沒事，但越是表面裝得堅強，實際上內心早已是千瘡百孔，脆弱得不能自己。外人的鼓勵在自己看來，反倒形成更大的壓力，害怕自己不夠好，無法達成別人的期望。終於在瞬間爆發，難怪會讓人措手不及。

這就像皮球彈力的道理一樣，壓得越深反彈越大，如果缺乏適當的宣洩管道，是沒有人可以無止盡的承受那股壓力的。

有些人的堅強其實是表面的，內心的脆弱只能默默承受。那些勸人的話，如果過不了自己這一關，說什麼都是白搭。那些告訴別人要活得更好、更漂亮等等，也不過是嘴巴講講，但內心缺掉的那一塊卻真能彌補得過來？

其實那不過是一種偽裝，表面上好看而已，到底自己是如何難過，有多深刻的遺憾，只有自己可以體會。因此不用去在乎那些高標準的眼光了，活得自在才重要。

對自己要求過高，希望能符合所有人的期待，其實是在跟自己過不去。要看清世上沒有完人，生活也不可能盡善盡美。那些表面看起來成功的人，背後也走過不少辛酸，而你又怎能要求自己凡事盡善盡美呢？

反過來看看自己，其實所面臨的挫折對許多人來說已經是小事了，只是期待越高受的傷害越大，將自己擺在那樣的位置只是苦了自己。

誰不是跌跌撞撞走過來，試圖摸索出一條最適合自己的路的呢？即便過去走得順利，也不代表未來一定都會如此。總是把自己逼得太緊，只會害苦了自己，也讓別人擔心。

接受那個不完美的自己，接受每個人的生命中必然的失敗，那些挫折算不了什麼，你還有修補的機會，在下一次面臨同樣問題時，你將變得更有智慧去應對，而不需要無限制的放大那個錯誤。

試著放鬆，接受那個不完美的自己，相信度過這個難關，你將會變得更好。把這些挫折當作生活的一項挑戰，無須掩飾，更不必逞強，你需要冷靜客觀面對挫折的到來。

必要時不害怕把自己的脆弱表現出來，讓人明瞭你其實不是萬能的，你只是盡量去把事情最好，你跟別人沒什麼不同。

表面上的故作堅強是對自己的折磨，真正堅強的人是不害怕讓人看到自己的脆弱。

你不知道自己錯過了什麼

記得有一次跟朋友歡聚，其中有些是老友、有些是新認識的朋友，當跟著某位朋友開心聊著天時，忽然一通電話進來……那可不是什麼快樂的消息，而是一位朋友爭執著某項付款的問題。

那位朋友搞不清楚我託辦的方式如何處理，重覆講了兩次之後我已經有些惱怒，開始跟對方爭執起來。就在這時候，我聚會的餐桌旁那群朋友突然開始喧嘩起來，似乎每個人都很開心在討論些什麼。

我想認真聽著，但情緒又被那通電話干擾，以致於對聚會中新朋友的詢問，只能先想些話搪塞，事實上根本聽不清楚對方說些什麼。

就在好不容易掛上電話，心裡打算等聚會一結束，再去找電話中的友人理論時……

忽然一抬頭發現，每個人面前都擺了一杯新酒，同時眾人一起舉杯，我只好尷尬的舉起眼前那個空的飲料杯，一起祝賀……

當下還不知道發生什麼事。後來才知道，原來剛才在我氣急敗壞講著電話時，某位新朋友正詢問要請大家喝酒，而我卻失去了機會。

都怪剛才被一通電話的火氣沖昏頭，以致於錯失了跟朋友共享的「好康」。

這只是提供一個小小的例子說明。當你在情緒化的當下，恐怕不知道自己即將會錯過什麼好事。等你冷靜下來，才驚覺懊悔莫名。那是一種損失，你除了「賺得」一肚子火之外，其實什麼也沒得到。

在情緒的催化下，讓我們只會專注那些帶給我們憤怒的事端，所有正面、快樂的事剎那間都掃到一旁了。就算有好機會，有值得結交的朋友，都會因而遠離，想想不是很可惜嗎？

原本應該是屬於我們的歡樂，卻被摒除在門外，而我們心裡卻吸收了滿滿的負能量，甚至還打算繼續「輸贏」，衡量起來，是不是顯得愚蠢無比？

難怪古今智者都一直提到憤怒讓人降低智商的壞處，除了生活中的損失，還可能影響到你的健康，再怎麼計算都是很不值得的。

與其為那些不起眼的小事動肝火，還不如把注意力移轉到令人愉悅的事物上，這其實不過是一念之間。

想著，如果那時我直接把電話掛斷，不要浪費時間在電話上的爭執，是不是就不會被影響到心情？生活中很多大大小小的事，不也是這樣。

我們往往把氣出在根本無法解決的方式上不停糾結，為了愚蠢的人或事而大動肝火。為什麼不把眼光放遠一些，大部分時候我們心情被影響，都是在一些小事，只是因為我們急切希望當下解決，無法容忍那一丁點的不完善，以致於失去和更美好的事物相遇的機會……

不要把精神放在那些導致你負面情緒的事物上，而是更專注於對你有益、可以提升自我的地方。

你會發現：那些真能干擾你的負面聲音會漸漸遠去，倒不是因為問題消失了，而是你已經懂得選擇真正應該關注的——那些帶給你歡笑和正能量的氛圍。

習慣把焦點放在雞皮蒜皮的小事上頭，你就容易變成那種喜歡斤斤計較的人。

PART 3

情緒可反應出一個人的智慧

正義感要用對地方

這社會比我們想像的還要複雜，許多人可能一路求學順利，在家人的保護下成長，尚保有一顆純真善良的心，但是防人之心不可無，保護自己的功課還是得做足。

特別是我們最容易掉入別人陷阱的時機，就是在一種「同仇氣概」的氣氛下，不知不覺成為他人利用的工具，讓自己傻傻的「戴著鋼盔往前衝」成為「砲灰」的角色。

那些善於利用人的小人，往往就隱藏在我們周遭。他可以化身為很體貼的朋友、同事甚至是「閨密」，總是一副對你「有福同享」、「有難同當」的模樣。但他們的「貼心」往往只停留在嘴邊，心裡想的卻不是外表所能看得出來。

於是你還一副掏心掏肺、義氣相挺，出了事第一個站出來，一副正義使者的模樣，卻不知道那些小人正磨刀霍霍，等著在後頭撈些好處……你只是一個隨時可以被犧牲的「祭品」。

傻就傻在我們為了一個「義」字卻不知道自己挺的是什麼樣的人。你受到蠱惑、覺得自己該當個一肩挑起的戰士，而忘了衡量情勢，為自己多著想。等到那股衝動過後，卻給自己背上一身的麻煩。

當問題發生之後，往兩旁一看，你才發現自己身邊半個「朋友」也沒有，卻賠上了自己的前途。

A君提到她剛離職的消息，朋友們都嚇了一跳。

「你不是在那間公司很被重用嗎？」朋友問。

「沒錯呀！可是……」

原來是因為主管公布了一項很不合理的要求，引起部門員工很大的反彈，但那些不滿卻只限於在茶水間的閒談，沒有人敢據理抗爭。

就在一回中午聚餐時，原本還不知道這項消息的A君聽到同事的抱怨，立刻義憤填膺的表示絕對要表達抗議才行。

她在隔日晨會時提出抗議，還因此跟主管起了衝突，場面火爆——主管認為他的要求沒什麼不合理，當主管轉頭問向部門其他同事，竟然沒有一個人敢反駁。這讓A君很下不了臺，忽然有一種被出賣的感覺。

自此以後，主管開始對A君百般挑剔，最後弄得她待不下去只好走人。

「你也太傻了吧？敢在公開場合這樣讓主管下不了台？」朋友替她惋惜。

「是呀！我怎麼知道我會成為砲灰，其他人根本一點義氣都沒有。」

A君雖然後悔莫及，但也為時已晚。

這是一種衝動行事的後果，受到別人的鼓譟，似乎自己也感同身受，覺得應該挺身而出，但你有沒有想到後果，然後做最壞的打算呢？

抱持著一種「捨我其誰」的莫名正義感，缺乏瞻前顧後的思慮，最後倒楣的是自己。等事過境遷再來埋怨別人的冷漠自私已經來不及了，因為最終的受害者是你，而不是別人。

那些善於犧牲別人，達到自己目的的小人，他們是不會隨隨便便挑人的，他們太懂得察言觀色，總是會找到那些看起來最容易受影響、最情緒化的傢伙。有些人再大的問題都可以冷靜面對，唯獨你冷靜不下來，這時不被利用才怪呢！

永遠要記得，許多事情必須先給自己保留些餘地，千萬不要輕易被激化。

再大的問題都得經過深思熟慮後再行動。如果是涉及整體的利害關係，那就不是你個人問題，需要群體討論之下，找尋妥善的解決辦法。如過是私人問題，你可以從旁給予建議，無須跳下去淌這個混水，更何況光聽他人的三言兩語，在感情用事之下，又怎能看出問題的真相為何？

發揮正義感要用在對的地方，而不是憑藉一時之氣，逞匹夫之勇，傻傻成為他人利用的「砲灰」。

自曝其短

習慣發脾氣去處理問題的時候，你可能忽略當你的理智被情感蓋過，其實正好讓你的弱點全都曝光，甚至連平常想隱瞞的祕密也都會露出馬腳，成為別人的把柄，這樣是不是很不智呢？

沒有人是十全十美，每個人身上或多或少有些缺陷，甚至是脆弱的部分。平常人們習慣偽裝自己，總是把最好的一面顯露給別人看。這也無可厚非，因為我們都希望得到尊重、被人讚揚，但你有沒有想過，這樣完美的武裝，可能會因你一時的情緒爆發，完全被看破。

某日，在超市排隊等候結帳時，前方一名衣冠楚楚的男子挽著一個美女，忽然不知怎地跟店員吵了起來……

原來是店裡結帳的機器出了一些問題，必須用手刷信用卡結算，當店員請對方簽名時，這位男子忽然大動肝火罵起店員：

「我沒辦法簽名，以前都不需要簽名的。」那名男子很堅持。

這時後面已經大排長龍了，大家都不耐煩的瞪著那名男子，那男子還一副無所謂的樣子，硬是不肯簽名。最後連店長都被請出來了，那男子依舊在那裡發脾氣不肯簽名。

當然他的動作讓人起了疑心，到底那張卡是不是屬於他的，否則他為什麼他會這麼堅持不簽名呢？連身旁的女伴也看不下去，面露尷尬勸說：「你就簽一下名字會怎樣？」

忽然這男子像火山爆發似的，連忙回說：「我就是不會寫自己的名字怎樣！」一講完，不僅女子錯愕，旁邊的人群也跟著偷笑——原來真相大白了！這位老兄竟然抖出自己的「內幕」。

只見那女子臉上青一陣、白一陣，立刻奪門而出。男子連東西也不要了，趕忙追出去……

也許這位大哥不是真的不會寫自己的名字，也可能是有其他梗可恥的理由讓他無法簽名，但無論如何，這樣霸道蠻橫又膚淺的回話也透露了本身無知的程度呀！

當我們感到怒火中燒時，最重要的原則是「話別太多」。因為那可能是傷人的話，也可能把不想為人所知的事給抖出來，這絕對不是你樂見的後果。

與其逞一時之快，還不如退一步著想，很多時候犯不著為了一些無傷大雅的小細節去發脾氣，為難別人。

越是情緒化的人越容易讓別人看破手腳，說不定正好跟你想要的結果完全相反，因此你越失去理智，就越無法達到你想要的目的。

有些人發脾氣的背後原因，可能是深怕別人拆穿自己的「西洋鏡」，用這種情緒上的威嚇，替自己設置一道擋箭牌。你以為可以成功，卻沒想到可能變成拿石頭砸自己的腳，因為失控而表現出自己最害怕發生的狀況……

這說明了懂得控制自己情緒的重要。你的冷靜不是退縮，而是製造對自己更有利的氛圍，讓自己得以全身而退。

當你懂得顧全大局，自然容易保護自己，並且製造雙贏的局面。

我們最容易在情緒失控之下，不小心讓別人看破手腳。

被貼標籤

對初次見面的人，我們通常都會被「第一印象」所引導。這個人看起來很可親、很善良或是感覺他很暴躁、陰沉。第一印象往往決定了願不願意跟對方繼續相處，或是產生信賴。

憑藉著這種先入為主的觀念，對自己的影響層面很大。

試想：如果我們經過街頭，看到那些全身髒兮兮的人，直覺反應是不是會想先閃躲？就算對方是個好人，有著無比的智慧，但一般人恐怕不會想進一步了解，反而是躲得遠遠的。

同樣的，如果是一個看起來很陽光、臉上洋溢著笑容的人，相信很快就能吸引大家的目光，沒有人會排斥跟這樣的人靠近，但是一個愁眉苦臉的樣子，像是心有千千結一樣的面孔，通常一般人都會避而遠之，也怕被感染到那種負面低迷的氣氛。

什麼樣的心情，往往影響著我們外在的表現，這是無可否定的。於是我們可以想像，一個人表現出來的樣子，就像是被貼上標籤一樣，讓人有先入為主的印象，也許你覺得膚淺，但這就是事實！或許你忘了自己也會如此，用第一印象決定是否接納對方。這樣的印象對你的人際關係和生活都有著絕對的影響。

這也難怪，有些人會試著隱藏自己不好的一面，盡量把最好的表現出來，這尤其在男女交往時特別明顯。

不過撇開感情問題，一般生活上也是，我們希望在他人面前留下好印象，第一關就必須先懂得克制自己。這不是虛偽，而是一種自制能力的展現。

小陳跟小林是同期進入公司的業務，剛開始老闆對小陳寄予厚望，覺得他是那個比較聰明的。

但後來卻發現小林的業績蒸蒸日上，反觀小陳卻一個案子都談不成，甚至經常惹得客戶怨聲載道，還得小林出手相助。這可讓老闆迷糊了，他仔細觀察了一段時間，這才終於找出原因。

當然小陳很聰明而且反應快、經驗也足夠，但他很容易把情緒寫在臉上，一旦覺得客戶要求很無理，或是自己生活上碰到狀況就會立刻表現在他的外表舉止上，讓那些陌生人的印象不佳。

反觀小林不管跟他說什麼，他永遠保持一張笑臉，盡量就問題點去溝通，因此當然在客戶心目中留下良好印象，客戶自然就願意把案子指定由小林處理。於是兩人的業績就這麼差距越來越大了……

一個能約束自己行為的人，通常我們會冠上「教養良好」、「成熟」等字眼來讚美，那也正代表你給人的印象。

克制自己的情緒，是指把那些負面的情緒隱藏，而傳遞一種正面能量，當你表現得開朗愉悅，自然而然會使人們也喜歡跟你親近，你也能得到更多的歡樂，就像是一種好的循環，讓自己隨時保持最佳狀態，正是締造幸福的本錢。

不可否認的，只要是人都會有情緒，生活也難免會出現狀況，但如果我們連一個小小的情緒都控制不好的話，又有誰能來給你機會呢？

莎士比亞說：「能把情感跟理智調適得當，命運就不能隨心所欲將人玩弄在鼓掌之間。」

不要讓自己一時的壞情緒造成別人的負擔，這是對自己負責任，也是尊重他人的一種態度。當我們擁有良好的態度，相信得到的回餽也會變得很不一樣了。

妥善處理自己內心的雜音，被貼上優良標籤的機會就會大大增加喔！

依賴成性

我們處理情緒的方式，往往會跟先天的成長及後天環境有關，當情緒成為一種依賴性的時候，就很容易變得無所節制……

就像很多人心情不好就想找人訴苦，有時候並不是什麼大不了的事，卻弄得所有人都跳腳，當事人反而像沒事一樣。

當然求助並沒有什麼不對，但老是一點風吹草動就到處找人來尋求安慰，而不是想著如何自己處理，就很容易成為別人眼中的頭痛人物。

相信或多或少我們都遇過那些喜愛訴苦的人。每次一碰到對方，他們的苦水總是比快樂來得多。如果仔細去聆聽，會發現那些往往是千篇一律，大多是一些雞毛蒜皮的小事。

為什麼對方老是會因為一點小事而情緒不佳，說穿了不過是想引人注意，卻不願意自己先處理問題罷了！擺出一副弱者的角色，希望別人來替他解決問題，這就是一種依賴。

有沒有聽過「狼來了」的故事？當一個放羊的孩子騙到第三次之後，就沒有人相信狼真的來了。如果我們老是把那些憂慮的事情掛嘴邊，一開始人家還會覺得很嚴重，但是經過兩次、三次……漸漸的就沒人當一回事了，等到真的情況嚴重時，別人還以為你在誇張其事。

那些還會陪伴在身邊，勉強聽你抱怨的人，通常也是應付應付而已，為什麼會認為別人真心想替你解決問題呢？甚至可以說，有些人不會離開只是有求於你，並非真心的朋友。真誠的好友反倒會說些讓你覺得刺耳的話，所謂「良藥苦口」，偏偏那些中肯的言詞卻是當時的你聽不下去的，只想尋求能附和的對象。

情緒上太過依賴他人是一種性格上的缺陷，也是一種對自己不負責任的表現。利用情緒來卸責，甚至希望引起別人的注意，尋求支持的力量，那種得來的同情心不會持續太久，如果你是「慣犯」的話。

因為解鈴還需繫鈴人，自己的問題需要自己去面對，別人說再多也不過是給予心靈上的安慰，對問題本身起不了什麼作用。若藉此想博取同情票，情況久了依然得不到支持的力量，只會顯得你的脆弱和無理取鬧罷了！

要改變過度依賴他人的個性，首先得學會獨立的精神。對任何事要有自主和判斷能力，有一肩扛起的勇氣去面對，才能脫離這類的壞習慣。一旦學習自己先主動去面對問題，你會發現這比坐以待斃來得好，至少你是主動出擊，也逐漸學會了如何整理自己的人生。

當陷入低潮或是心情不佳時，第一個想到的，應該是去發現問題發生的原因。到底是什麼原因造成的？有沒有解決的辦法？如此才不會增加別人的困擾，也增加自己受歡迎的程度。

俗語說：「天助自助」，如果連自己本身都無法面對問題，又何來要求別人該為你「赴湯蹈火」？

尋求支持的力量本身並沒有錯，但是如何讓自己堅強起來，這卻是別人無法幫得上忙的，要得從本身做起。

學會當一個成熟的人，就是別老是把情緒帶到別人身上，先懂得怎樣處理自己的情緒，如果問題真的無法解決，再尋求他人相助，相信所獲得的助益更大。

習慣靠別人來處理自己問題的人，其實就是一種依賴成性的心理。

不要老是活在後悔中

「憤怒起於愚昧，終於悔恨。」——富蘭克林。

當我們習慣用情緒去決定事情的時候，就很容易落入悔恨的窠臼。無論當初我們想得多麼明白，做過多少分析，都敵不過一個弱智的反應——衝動下的行為。

無論是跟我們多親的人、多熟悉的工作，更容易讓我們因此鬆懈，認為對方會理解，然而卻在這裡掉以輕心，在最放心的環境，替自己招來無可彌補的損失……

一位母親向親戚訴苦關於女兒離家出走的事情。

「她已經快兩年都沒回家了，我真後悔當初不應該對她說出那種話……也不知到她現在過得好不好？」

一個衝動之下離職，待業半年的老同事有感而發說：

「我真後悔當時衝動之下丟出那一句『我不幹了』的話，要不是這樣，我現在已經是主管職了。」

還有一時氣憤拋棄心愛寵物的主人，在街上徘徊幾個禮拜，卻怎麼也找不回愛犬了。

當我們心中一股怒氣難以發洩時，往往都會做出很不理智的行為，以致難以收場。以為別人都能包容原諒，但都是以自己的觀點出發，少了為對方設想的餘地。

就一個平等的觀念而論，當你失去同理心，憑什麼反過頭來要求對方需要以「同理心」回報呢？你認為的付出很可能毀於一夕之間，只因為一時失去理智，短暫的發洩之後，卻是替自己製造更嚴重的危機。

哲學家福樓拜曾說：「無知與輕忽所造成的禍害不相上下。」

這兩種都可能在我們情緒化的時候發生，情緒化降低了我們的智商，讓我們失去謹言慎行，以致於我們失去平日的水準，做出讓人跌破眼鏡的反應。

我們越是為某件事或人犧牲，越是需要細心呵護這份情感，因為你投入的很多心力，甚至花了很長時間努力著，何苦因為一時的衝動而斷送這一切。人最大的懊惱就在於你明知自己犯錯，卻覺得付出足以掩蓋這些錯誤，但別人的看法呢？恐怕這是你全然不能掌握的。

我們可以要求自己，卻很難去要求別人要跟你有一樣的想法，更何況當你因為情緒衝動而傷害到別人，這時你就失去了別人諒解你的理由了。

當別人的行為讓你感到失望，得不到你所想像的回應時，難免會灰心沮喪，但是把這樣的情緒投射出來，恐怕會得到更多的反效果。

退一步海闊天空，一時的氣憤是難免的。沒有凡事都隨心所欲的，生活中我們都有許多需要妥協的地方。有時是別人在忍讓，有時是自己委屈一點，但事情總是會有轉圜的機會，真的不需要當下就「定生死」，非得弄到兩敗俱傷的地步。

學習處理自己的情緒問題，是不致讓自己後悔的第一步。記得永遠要說出口的話等冷靜之後再說，凡事要為自己多留點退路。

盲目跟隨情緒行事，只是迎來更多的悔恨罷了。

情緒是一種損耗

不管是一個多精明、高智商的人，一旦行為參雜了過多的情緒，這個人便立刻被打了很大的折扣，即使再聰明也會變得愚蠢無比。

越是那種過度自信，或是一直在眾人羨慕眼光中成長的人，越是跨越不了情緒的那道障礙。

這也是我們經常在社會新聞中，看到許多犯下罪行的人，他們並非是真的十惡不赦的壞蛋或是知識水準很低的人，他們會犯下錯誤，往往都是因為太衝動，失去理智之下的行為。

為什麼一個看似溫順的人會有肢體暴力的行為，平常看起來很有教養的人，會突然爆粗口，這些都反應出情緒失控時，讓人的理智商喪失了。

大至犯罪，小到生活上的挫折，許多問題的發生都是因為走不出情緒的關卡，而讓自己做出後悔莫及的事情。太常受到情緒的困擾，對生活是一種損耗。

有一位親戚的小孩求學一路都十分順利，是所有同輩中最傑出的，每當提起這個小孩，長輩們莫不讚揚。畢業後，這位親戚的孩子也很順利進入一間大企業，薪水待遇令人稱羨。

但是沒多久就聽說他離開那間大公司了。其實這也無可厚非，如果有更好發展的話，但令人訝異的是他卻是去一間名不見經傳的小公司。聽說對方是重金禮聘他過去的，這多少堵住了那些喜歡嚼舌根的親戚們的嘴。

轉眼間，幾年過去了，他換了好幾間公司，常常都待不到一年便離職，好幾次聽說他快升到經理職位了，但很快又無疾而終。

沒有人知道這中間出了什麼問題，直到有一回碰到這位親戚的小孩，聽到他的抱怨，提到：

「不知道為什麼，我老是犯小人……」

「怎麼會？」我覺得詫異。

「對呀！就是人紅遭忌，每每我表現得好就會有人在背後搞鬼。」這位親戚小孩埋怨著。

「那你……該不會每次離職都因為這個原因吧？」

「你猜對了！我實在受不了被人後面捅一刀的感覺，此處不留爺，自有留爺處！」他說。

其實他已經很清楚點明他鬱鬱不得志的原因了！從他講到這類事情的情緒反應，大概可以想像他面對這類阻礙時，一定也難以平心靜氣找出解決的方法。於是「逃避」成了最佳出口。

太過情緒化的決定，同時也會影響上司對個人的評斷，即使擁有再好的能力，還是會覺得你這個人很不穩定，對公司向心力不足，很難放心賦予重責大任。或許當事人一直搞不明白，以為自己能力這麼好，怎麼可能不受到重用，一定是受了小人的陷害，卻不知道其實是自己把自己推向失敗的命運。

太容易被周遭環境影響到心情，很容易讓我們的表現失去平常的水準，因為對於別人的態度太敏感，不知不覺也會被這樣的感覺牽制住，難以專心一致做出最好的表現。

因為受到情緒的左右，讓我們做出愚蠢的決定，不僅讓身旁的人失望，也製造出更多的事端。對於情緒控管需要學習，這是終身的課題，也許學校沒有教，也許你也無法從家庭教育中得到，但是這一切都在於磨練。

不管出現什麼樣的意外，或是不合理的要求，都必須面對它、包容它，用堅強的意志去排除那些負面聲音，才能做出最好的表現，而不是被情緒所淹沒。

我們很難在焦慮煩躁時做出最好表現，這是不變的定律，因此學著當情緒的舵手，別讓負面情緒影響了你。

別人不是怕你

有些人亂發脾氣是因為得寸進尺。可能是第一次發脾氣之後，發現別人的退讓，自己似乎貪得了一些好處，於是誤以為只要自己表現出不高興的樣子，別人就不得不配合自己的想法行事，於是一次又一次，最後成為習慣。

這樣的情緒是帶有壓迫性的，就像是逼人就範的手段。當你以為別人是怕你，卻沒料到卻是讓別人對你築起一道高牆。

當然每個人都希望得到別人的敬重，希望能配合自己的意思行事，但要求別人來配合我們的方法有很多種，可是最好的方式是讓別人「佩服」，而不是「畏懼」。

況且動不動擺出一副「山雨欲來」的模樣，不過是暫時讓對方屈服，卻未必得到真心的認可。

當別人讓你，可別太沾沾自喜，那只是不想與你起衝突，希望能讓事情圓滿的落幕，如果不是這樣呢？當你嚐到一次甜頭、兩次、三次……之後，恐怕最後的結局就沒讓你這麼好過了。就像是你以為別人是服從你，其實對方是在閃避你，如果這時還不能覺悟及時修正的話，最後倒楣的只會是自己。

某一回我跟以前同事聚餐，當大家意猶未盡討論去哪裡續攤時，忽然老同事小倩大聲提議說要去百元餐廳。

頓時大家都安靜下來了。原來她建議的地方是一個熱炒店，而且距離聚餐的地方相當遠，也不適合一群女生們聊天。

這時有人反應了：「那……那個地方好嗎？離夜市那麼近，也很吵耶！」

「不用擔心啦！那是我阿姨家開的，我會特別叫她給我們一個角落的『特等艙』。」小倩興致勃勃的說。

這時又有人反駁說：「就算是吧！那還是熱炒店呀！我看我們還是在附近找一間比較有格調的咖啡店好了。」

「是呀！不如去——」

就在同事說到一半時，小倩忽然提高了聲調，不高興的說：「怎麼？你們是嫌夜市低俗嗎？配不上你們這些公主身份！」

小倩忽然發這個脾氣，讓大家面面相噓，覺得尷尬極了。

最後還是一位同事出來圓場：「沒關係啦！那我們就去小倩提議的店，反正只是找個地方聊天嘛！」

結果因為這樣，同事走掉了一大半，剩下的人去到熱炒店的朋友也待得很不開心，於是聚會早早散場，留下一堆怨聲載道。但小倩似乎直到大家都離開了，還沉溺在「勝利」的快感，頻頻問著同事：「開不開心？」

大概只有她最開心吧！事後同事們都是這麼覺得。

是什麼樣的心態會讓所有人反感，而只有自己覺得是贏家的感覺呢？那些慣用自己的情緒去影響他人，讓別人屈服的行為，其實已經惹人厭惡了，卻只有自己還自以為是，才是最悲哀的。最後只會導致眾人遠去，剩下自己鶩自在那邊洋洋得意！

所以，如果想當個不討人厭的傢伙，首先就得學會多體貼別人，克制自己的衝動，不要把自己的情緒強壓到別人身上，好像別人不照著你的意思，就有多對不起你似的。

強迫性的認同感，最後還是會遭致很大的反彈，對自己反倒是一種損傷。任性只會破壞良好的人際關係，耍脾氣只為你贏來一時的附和，而非真心的認可。

用情緒發作而贏得認同是最任性又愚蠢的做法。

幼稚跟天真的差別

我有一個朋友很相信別人對他說的話，甚至有時只是不經意說出口的話，他都牢牢記在腦海，認定別人就是這麼看待一件事或一個人，即使當事人只不過是開玩笑而已。

幾次之後，我才發現他真的對我說過的每一句話都是認真的，也開始在他面前謹言慎行起來，怕一不小心引起他的誤會。其實不只針對我，他對任何人都差不多是這個樣子。

一回，我明明聽著旁邊一個人在欺騙他，好意想提醒，他卻相信那人說的是真的。

「他如果這麼講，那就是這樣囉！」

這是他給我的答案。

後來有機會遇到他一位非常親近的朋友，這位朋友才告訴我：「他很天真，他真的很相信別人告訴他的每句話。」

這真的是一種天真嗎？如果發生在一個天生好命、生活富足的人身上，似乎不會給他造成什麼大的麻煩。這樣的天真不會招致別人的反感。

但有一種看似「非常天真」，卻是一種「白目」的舉止，那就是「幼稚」了。

幼稚的行為是一種不會替人著想，只在乎自己的「感覺」，這跟純屬於心靈上的問題是完全沒有關係的。就像是對於自己情緒的控管，幼稚的人會表現出毫無理智的行為，總是要用耍鬧的方式「要糖吃」，希望藉此得到別人的關注。

因此，當看到那些任意發洩自己的情緒，不在乎周遭人的感受時，那就是一種幼稚而不是天真了。

有些人會把這解釋為「個性直來直往」，認為是一種坦率的表現。但如果把情緒發洩到別人身上，那可就跟直率扯不上什麼關係，而是自私了。

一種成熟的表現是具有同理心，你知道這樣的心情不好受，也不希望別人跟自己一樣。很多時候情緒需要靠自己去消化，而不是漫無目的找人發洩，那麼對方何其無辜，而你也不會從中得到任何好處，反而是遭人嫌棄。

如何調適自己的心情是一種學習，這是成長的一部分。表現得像個大人的樣子，就是得脫離孩童期的胡鬧。

你可以保留那份童稚的心靈，但性格跟理智面卻需要成熟，不能讓情感全然控制我們。這樣一來，才有辦法妥善安排身邊每一項事物，不會把生活搞得一團亂。

那些會讓情緒主導而理智擺後頭的人，通常都很難有理想的人生。因為問題不是出在別人或環境，而全然是自己把事情搞砸了。明明是可以按照計畫前進，卻因為一時的情緒讓你停滯，打亂了行程，白白浪費之前辛苦的努力，這是最不值得的。

把心思放在能幫助自己成長的事物上，而不是在耍情緒上消磨殆盡，才能擁有更光明的願景。

如果光只會抱怨，遇到一點點挫折就萎靡不振，那麼沒有一件事情能辦得好，無法看到事情背後更美好的一面，更別提其他了！

保持一顆純真善良的心，但是要用成熟理智的態度去面對這個世界。

過度以自我為中心

有些人的情緒不但不會得到任何同情，反而導致很大的排斥，這多半來自於那種以自我為中心的意識。

那種認為：「如果自己心情不好，整個世界都該為我落淚」、「我心情不好你們怎麼笑得出來」帶著這樣自私的心態，你很容易就會被歸類在「不受歡迎對象」的名單當中了。

認為別人都應該跟自己一起哭、一起笑，這是一種自我膨脹的心裡，覺得全宇宙都該以我為中心。這時只看到自己的感覺、只在乎自己的需求，而罔顧他人的感受，不在乎別人也有他們的世界，也有他們的生活，如此只會惹得旁人反感，而且希望快速遠離你。

換個立場來想：你會希望被不好的事拖下水嗎？

就像一場派對的破壞者一樣，沒有人希望歡樂的場合被搞亂，當自己覺得不開心，周遭人的快樂對你來說顯得格外礙眼，恨不得別人都跟自己一樣，於是想辦法搗亂，當然最後的結果就是：被踢出派對。

換作生活上的解釋就是：你被拒於幸福門外，那些好的事物，以及會對你有幫助的人們將逐漸遠離。因為自己眼裡容不下別人的情緒，別人也容不下這樣的對象，這是一種平等互相的，你必須在心裡有這樣的認知。

每個人都有每個人的生活要過，你的故事不一定是別人的故事，當我們深陷煩惱，難道別人沒有生活的焦慮嗎？這是應有的認知。如果周遭的人都把煩惱帶給你的話，相信你也會不高興的。

也許你會認為我也很關心對方呀！為什麼我心情不好，對方卻一點都不在乎？這就是每個人有每個人的個性，我們不能要求別人都必須用你想要的方式來對待，那同樣是犯了過於「以自我為中心」的態度。

朋友的生日聚會中，湘玲老是擺著一張陰沉的臉，在場的朋友剛開始都關心的詢問：

「你怎麼了？什麼事不開心嗎？」

湘玲開始委屈的訴說到一半，這時朋友的生日蛋糕正好送上來，大家立刻把焦點轉移，開始起鬨、鬧著要主人許願。

就在電燈關掉的一剎那，忽然聽到一聲哭喪的嗓音咆哮道：「你們只顧著許願，那我的問題呢？你們關心過沒有？」

燈亮了！所有人的目光聚焦在湘玲身上，生日會的主人也一臉尷尬不知該怎辦才好？

就在大夥一陣沉默之際，湘玲跑了出去，頓時生日會氣氛沉悶，大家也很不開心。

雖然當下並沒有人責怪湘玲的舉動，但事後也沒人追上去安慰，甚至不會再有人關心她的問題了，她遠遠的被排拒在外，到底錯在誰身上？

當受到排斥，有時並不是因為別人不好，而是自己本身也忽略了他人的感受。

相信沒有人希望自己成了令人討厭的傢伙，然而情緒作祟，卻很可能把我們推向那樣的地步。

「為什麼你們都不關心我？」、「你們根本就不在乎！」這是當事人的抱怨，但旁人的眼光看來，卻像是無理取鬧。

沒有人有義務跟這樣的人為伴，也不想再付出任何關心，學會先處理自己的情緒，再去面對他人，可能你得到的結果又會是不一樣了。

自私的情緒反應，會讓別人覺得是個頭痛人物。

PART 4

別讓情緒失控害了你

一開始只是個小感冒

有些情緒剛開始只是閃過腦際的一個想法，有自省能力的人很快就會壓抑住那些負面聲音，覺得自己不該有這樣的想法，及早甩開。但如果認真了呢？這樣的聲音可能會不斷擴張，甚至影響你整個思考行為。

那些負面情緒一開始就是個小感冒，如果善加照料，懂得如何排解，這樣的「症頭」很快就會痊癒。但如果我們放任，讓它蠶食我們的心靈，最後就像久治不癒的病情一樣，時間拖得越久問題越大，甚至讓它吞噬了自己。

利安原本是個好好先生。在同事朋友眼中他總是表現得熱心又體貼。但有一陣子，他的工作似乎沒這麼順利，整個生活陷入低潮，於是他的性格開始有些轉變。

首先是原本他很熱心幫忙的事情，當有同事前來尋求協助，忽然會被他冒出的一句話嚇著：

「這麼簡單的事都不會，我自己的事都忙不過來了，還要義務教你嗎？」

其實不只是對方，連利安自己也嚇到，怎會對同事這樣說話。同事摸摸鼻子走開了，自己也忘了道歉。似乎事情就這麼過去了……

其實利安說的是實話。他的確最近手頭上的工作很多，又被主管盯上，心情自然很不好受。當他被責罵做事很沒效率時，心裡很不服氣，一時間腦海閃過一個念頭：

「都怪我平常太熱心了，要不是花太多時間在協助別的同事解決問題的話，我就可以把事情做好了。」

他把被罵的事牽拖到同事身上。漸漸的，他把氣出在那些前來求助的人，一次、兩次……甚至變成一種常態。於是原本人緣很好的他，成了人人想閃避的對象，深怕一不小心被「颱風尾」掃到。

就這樣，原本第一次情緒化利安還多少會有些愧疚，到後來也習以為常了。當然他最後得罪了小人，受到排擠，不得已只好離開了那間公司。

一般人並不是一開始就有許多惡習存在，而是我們慢慢將它養成怪獸，最後成為性格的一部分。這時要改變已經很難了。

有些狀況一開始我們是能克制的，尤其是像情緒這種東西，但是當你開始放縱，就很難收回來，包括那些已經造成的傷害、不滿，若你還不自知的話，最後只會造成難以收拾的下場。

這就像家暴一樣，當有了第一次，你事後雖然有點懊惱，但又覺得「好像也沒怎樣嘛！」之後就會有第二次、第三次，以為用暴力可以解決問題，好讓所有事情在你的控制之下，然而卻適得其反。

先不要說什麼「因果循環」，而是當你以為傷害別人與我無關時，其實你正朝著更大的錯誤循環邁進。

當覺得同事對自己不再友善，家人不再對你微笑及溫暖擁抱時，最親近的人看到你都想躲得遠遠的……你覺得自己還會快樂嗎？這全都是因為自己放任情緒化的結果，相信誰也不願意與你相處。

習慣用情緒解決問題的人，將永遠聽不見真話，也不會有人真心誠意想與之為友。當自己以為可以用情緒來壓制別人，最後別人不是怕你，而是不想再跟你有什麼關係，以免沒事惹得一身腥。

勇於表達自己的意見本身沒有錯，但不需要帶著情緒化的反應，還有更恰當的方式來表現，當大家都冷靜下來的時候好好溝通，找最適當的時機，或是私下好好說話，這會比在公開場合造成別人難堪來得好。

知道在適當時機表達自己的立場，也給對方一個台階下，這才是最圓滿的結果。

千萬別忽略這麼一個小小的動作，如果一而再、再而三發生，你想再尋求原諒已經難如登天了。因為這已經慢慢被養成習慣，在別人眼中就像不定時炸彈一樣，難保何時又會發生。

因此一開始對自己的約束很重要，能控制自己的情緒，也能贏得別人的尊重。

情緒化像是一種「症頭」，不及時踩煞車就會後患無窮。

情緒勒索

我們難免會遇到有些人常擺一種低姿態，希望能博取別人的同情，就像小時候同伴中的「愛哭鬼」一樣，企圖用眼淚來達到目的，那種憂鬱、煩惱的模樣，讓人覺得好像不幫忙的話，會對不起對方似的……

長大後，這類「愛哭鬼」並沒有消失，而是改用情緒試圖博取更多的同情。那種楚楚可憐的模樣，任誰都很難拒絕，也情不自禁的受到感染甚至鼓動，讓別人覺得不幫忙就太不夠意思了——於是讓對方輕鬆達到目的。

但真正出手相助的人真是心甘情願的嗎？恐怕是一種道德責任上的壓力吧！

為什麼我不快樂？那是因為你……

我老是擔心，因為你為我做得太少，你老是只想到自己……

你怎麼不救我……

這樣的話語應該不陌生，這很容易出現在跟自己最親的人身上，那些可能是你的長輩、家人、伴侶乃至好友。他們會利用人的罪惡感，讓人覺得如果不為他做點什麼的話，是自己的錯！

當有人老是把自己的不幸怪到別人頭上，讓你感到愧疚時，你確定那些真的是你的問題嗎？經常在我們還沒能仔細思考時，就已經掉入那樣的陷阱。

習慣用情緒來操弄別人的人，正利用著用一種可悲、自憐的方式，逼迫別人去做些什麼、或是不做些什麼。簡稱為一種：「情緒上的勒索」。

或許這種情況也會發生在自己身上而不自知，想想是否當我們情緒不好時，也希望別人來為自己做些什麼？這就是陷入「情緒勒索」的狀態。

用情感去打動別人，強迫別人為自己付出、犧牲，認為對方不這樣做的話，就不能讓自己開心……就是以一己之私，要求別人達到自己的目標。這可能是想要某件東西，或是拉攏別人跟自己站在同一立場，不斷將自己的情緒傳染給他人。表面上看起來像是弱者，其實內心卻藏著某種激進的企圖心。

一位朋友原本在國外發展得很好，眼看就快升上區經理職，卻因為母親一通病危的通知讓他急急忙忙奔回國。

等回國之後，他卻發現母親根本好好的沒事，還特地做了一桌豐盛的菜餚替他接風。

「你真的沒事？」

朋友起先以為母親可能是刻意逞強，沒想到他得到的回覆卻令他大為傻眼。

「我沒事。只是想看看你，你看親戚的兒子都結婚了，誰誰誰都抱孫子了，我擔心你一直沒結婚，幫你找了個好對象，你就別在國外飄盪了，趕快成家立業給我抱孫子才是……」

朋友一聽，當下非常生氣，沒想到母親會用這樣的理由「騙」他回國。

看到兒子變臉了，這個母親立刻淚如雨下，委屈訴說著：「我都這麼為你著想了，還要被你責怪，我真是苦命……」

朋友只好一邊安慰著母親，把心中所有的不滿都壓抑下來。

後來他因為請太久的休假，在國外的升職無望，只好依著老母親的意願去相親、結婚。

他當然很不快樂，因為他在母親的框架裡過著不如意的人生，也把這些埋怨都怪在母親頭上，造成永難磨滅的傷害……

同樣的，當你情緒低潮的時候，開始要求某些人去做讓你開心的事，這時你就已經具有這方面的傾向了。或許你可以說自己是「無意」的，但因為這種強迫症的發作，讓你無形中造成別人心理上的壓力。

無論是親人、好友，強迫控制他們的意識，有時是違反他人的心願，最終的結果就是兩敗俱傷。相信當我們的不幸成為他人的不幸時，自己也不會多好過，因為只有周圍的人幸福，我們才能感受到那股快樂的存在，不是嗎？

學著不去情緒勒索別人，也不要成為別人情緒勒索的對象，你應該知道何時該停止，又什麼時候該轉身離開，這才能保有屬於你的生活空間。

用情緒去控制別人，其實是一種弱者的表現。

情緒容易讓人走向極端

這社會上太多人是因為情緒而走極端的案例。等到當事人冷靜以後，往往對自己的行徑感到不可思議，甚至懊惱不已，但這往往已經無法挽回所造成的傷害了。

情緒容易讓人失控，即使你不覺得造成他人的損傷，但實際上因情緒讓人做出很多錯誤的判斷，導致一個不良的後果，也是你當初所不願見到的。

最近聽說朋友跟她最好的麻吉A朋友鬧翻了。這件事令他們共同的朋友圈大為吃驚。

「你不是跟她最要好？還是同事呢？」一位朋友問。

「是啊！A還是我介紹進去公司的哩！」這位朋友一臉無奈的說。

接著她娓娓道來，不過就是一次開會時，某位同事提到了最近談成一個案子，對方把功勞全攬在自己身上，但A朋友其實也出了不少點子，這位同事卻隻字未提。

A朋友還因此被主管罵了一頓，還要她好好跟那位同事看齊。原本跟A同一組的朋友卻沒有幫她說話，這讓A朋友耿耿於懷。

朋友以為這樣就沒事了，結果在茶水間跟同事聊著天，A朋友一進來就充滿懷疑的目光盯著她，一個招呼都沒打。狀況一直都這麼僵持著，讓朋友覺得很困擾。

終於朋友忍不住前去找A溝通，沒想到A朋友卻和她大吵一架，因為A認為朋友聯合其他同事對付她，無論朋友怎麼解釋都沒用……

最後朋友深深嘆了口氣說：「我知道她最近跟男朋友分手了，可是也不需要把怨氣都出在我身上呀！又不是我造成的……」

真相終於大白了！原來始作俑者來自於A朋友的感情不順，讓她的情緒陷入低潮，以致於影響到她看周遭的眼光，似乎什麼都不對勁，好像全世界都跟她作對似的……

問題不在於事件本身，而是當事人的態度。

後來朋友們替她想了一個點子，要她前去安慰對方關於感情的問題，再慢慢解釋所有的誤會。

幸好後來朋友有做這動作，才維持住兩人十多年來的友誼。當然A朋友也慢慢從傷痛中復原，了解到自己因為情緒導致鑽牛角尖的態度，也深深為自己的行為感到懊悔。

這算是最好的結局了。幸好A朋友還有這麼一位好朋友的體諒，要不然繼續下去，朋友可能跑光光，而她的工作也要不保了。

在壞心情的影響下，可能別人只是一句無心的話、一個小動作，立刻就讓人聯想到對方別有居心。即便對方並沒有這個意思，但你左看右看、橫看豎看，就是覺得每個人都跟自己作對……

這都是因為心情導致的負面影響，讓人產生許多的疑慮，不僅替自己也給別人帶來壓力。

在這時候，即使是善意的提醒都很難聽得進去，太受情緒影響讓我們失去客觀的判斷能力，總以為自己的想法是對的，即使別人是好意也被認為是在害你，反倒是那些附和的言詞，才會讓自己感到放心，這反而讓有心人士趁機利用而不自知，對自己是一大傷害呀！

可見情緒對人的影響有多大，不只可以改變一個人的作為，也扭曲了人們的判斷力。

趁著還沒衝動犯下更大的錯誤時，最好想辦法讓自己冷靜下來，檢討事情的前因後果，才不會因為誤判情勢，給自己帶來難以彌補的損傷。

受到情緒影響下的任何作為，都不會是一個好的結果。

別跟心中的小惡魔打交道

負面的情緒就像是潛藏在我們心底的惡魔；正面、愉悅的心情則像是天使，將你引導到真善美的境界。所以你會選擇與「小惡魔」或是「天使」打交道呢？

每個人都有內心的陰暗面，只是有些人善於壓抑，有些人則是毫不考慮的表現出來。或許有人會拿「個性直」當藉口，但是當造成自己跟別人的傷害時，恐怕就不是一種拿來說嘴的優點了！

那些壓抑其實是來自於良好的教育與品德修養，讓我們可以保持正向態度，去掩蓋住不好的念頭。讓我們的行為能中規中矩，可以受到眾人的歡迎。

因為每個人都有親近快樂的天性，誰都不希望好好的心情或場面被搞砸。

憤怒、憂傷讓人們變得孤立，你可能不禁要問：當我最需要人陪伴時，他們在那裡？卻沒有問問自己，是否因為自己的情緒，間接造成被孤立的狀態。

我認識一位相當有人緣的朋友，無論任何人第一眼見到她都會深深被吸引。她可愛的酒窩、笑臉迎人的熱情往往在朋友間留下深刻的印象。

很長一段時間沒見到這位朋友，某次意外在工作場合遇見她，但是她卻跟過去的印象落差極大。只見她獨自坐在角落，雙眼失神，陰鬱的表情全寫在臉上。

因為我特別的注意，引起旁邊的同事問我：「怎麼？你認識她呀？」

「是啊！好久前認識……」

正想著要不要上前打招呼，這位同事卻緊張的拉住我說：「唉！別過去。」

「為什麼？」

「她是出了名的難纏人物，好多人都吃過她的虧，我怕她會給你難看……」

「不會啦！我們是朋友。」

不顧阻止，我朝對方走了過去。

「嗨！」

那個女生連正眼都沒看人一眼，便轉過頭去擺出一個臭臉。這時任誰也知該打退堂鼓。我回到座位，朋友為我感到不值。

「就說別理她嘛！」

「究竟發生了什麼事？」我很好奇。

「你看她這樣，誰會願意跟她接觸呀？」

同事繼續叨叨唸著，我卻一個字都聽不進去，凝望著那個看起來憔悴憂傷的臉孔，很難跟過去那個陽光女孩聯想在一起。

後來聽朋友提起。聽說她家裡的生意垮了，她得幫忙接下重擔，形容她後來變得很悲觀，人也變得孤僻，跟過去那一群朋友早已沒有往來了。

我內心一直覺得很遺憾，因為我看過她曾經有著天使般的笑容、活潑甜美的個性，但這些印記都從她身上消失了。

每個人心中都有那個「情緒惡魔」，「惡魔」從未消失，它會在什麼時候冒出頭來？就是在我們最脆弱、最低潮的時候。如果我們不懂得如何跟這樣的惡魔打交道，任其占滿我們的世界，快樂的鐘聲將不再響起，我們也會繼續被不幸所箝制。

用積極開朗的心態面對生活，小心呵護心中那個快樂的天使，別被情緒的惡魔所擊倒。

「羅馬」不是一天造成的

人是一種慣性動物，當你犯了一個錯，發現沒受到什麼影響，接著就會放縱自己，漸漸成為一種習慣。

許多人性格上的缺陷需要自我約束，才能讓我們變得更好，形成更完美的人格，所謂「羅馬不是一天造成的」，就是這個道理。所有的善與惡，都是一段時間累積的結果，相對的，我們對脾氣的控制也是。

記得以前出國時，認識住海邊的漁夫，當地住海邊是屬於教育程度較低，家庭經濟狀況較差的家庭。

果然，漁夫有一個年幼的孩子，經常看到客人就會亂搥打，包括對自己的父母，當時我們這些外國訪客都很驚嚇，也沒看到漁夫有所制止。

過了很長一段時間，那個孩子漸漸長大，在很久很久沒去拜訪漁夫之後的某一天，我遇見了這個孩子。那時看到一個年輕人在烈日下很認真的修理摩托車，一發現有訪客就很有禮貌的抬起頭打招呼，那時還特別多看了對方一眼。

如果不是剛好漁夫經過，向我介紹，我真的完全認不出是當年那個粗魯的孩子。

再三確定之後，那名年輕人也用著羞澀有禮的態度跟我打招呼，從他的臉龐依稀可以辨識，正是當年那個頑皮的孩子……

我很訝異對方的改變，連忙問他的父親：「他怎麼跟以前不一樣了？」

「你是說……」起初他的父親還有些迷惑。

「他以前看到人都會先揍人兩拳的。」

經過我的提醒，漁夫哈哈大笑，接著回答：「那時還小嘛！不懂事，等長大之後都會變的。」

漁夫說得一副理所當然的樣子，我聽了覺得有幾分道理。倒不是有什麼特別的教育，進過什麼了不起的學校，而是成長的歷練讓他不再像小時候一樣，那麼胡作非為了。

這就是一種成長和成熟。

有人說：「小時候胖不是胖」，我倒覺得也可以改為：「小時候壞，不是壞。」如果你明白那樣做不好，希望更多人能接受自己，自然而然就會改掉那些壞毛病，用更好的方式來得到他人的注意。

任性一、兩次就夠了，如果你發現多數人都對這樣的行為反感，就應該時時刻刻提醒自己、約束自己。而不是認為：反正又不會有任何懲罰，也不是什麼大不了的問題。一旦有這樣的想法，就容易放縱下去，慢慢養成一種不好的表達方式。

當然，你覺得沒有必要隱藏自己，你的情緒是你家的事，與他人何干。當然，如果你足不出戶，不接觸人群的話，就把情緒留在家中不會有人有意見，但是在現代社會人與人之間往來密切的關係中，隨意任性卻會造成別人的困擾，傷害彼此的關係。

如果一而再、再而三不把這些當一回事，得罪的人越來越多，累積的怨恨也越來越深，最後還是會反撲到自己身上，等重摔一跤之後，再來後悔當初的舉止就太遲了。

沒有事情是不能被改變的，包括我們的性格、習慣，這些都是日積月累所呈現出來的樣子。因此不要把「率性」當藉口，抬出「自我風格」當說詞，無法控制自己的情緒其實是一種缺點，而不應該被頌揚為「個性美」。

時時警惕自己，別讓一時的情緒控制你，讓它成為常態。那些帶來負面印象的舉止一再發生時，你就要懂得克制，這才是一種成熟的表現。

預防勝於治療，那些壞行為一開始就應該有所節制，別讓它成為你性格的一部分，替你帶來不良的影響。

誇大事實

當我們發怒或是心情陷入低潮時，往往會把負面的情緒無限放大，而失去原本的樣貌。

於是，世界不再充滿陽光，縱使看到別人在笑，心裡還是會懷疑「對方是不是在笑我？」這樣的疑神疑鬼，會弄得自己日子很不好過，就算是好的事情發生，幸運之神也會擦身而過，無法好好掌握。

誇大事實層面，原本沒這麼壞的事，因為情緒的干擾而讓我們陷入無邊無際的憂愁當中。是一般人希望大事化小、小事化無，在負面的情緒下反而會變成小事變大事，最後成為無法挽救的不幸。

小曾原本是朋友群中的開心果，他愛笑、熱心的形象一直讓他贏得不少人緣。

可是有這麼一天，忽然他不再笑了，跟一群人出來總是發現他一個人坐在一旁發呆，無論朋友怎麼帶話題，都引起不了他的興趣。

一問之下，才發現是他工作出了一點狀況。小曾原本應該收到案子的費用，因為廠商倒閉而跳票，害他為此難過了很久。因為那是他辛苦工作一季的成果，原本以為收到那筆款項可以支付買屋的頭期款，現在不僅買屋的夢想泡湯了，還連帶損失不少成本。

「你當初怎麼不考慮清楚，確定收到款項之後再做工程，有這麼急嗎？」一位朋友好心提醒著。

沒想到卻意外讓他反彈很大。「你知道什麼？我怎麼知道那個廠商的老闆會跑路！難道是我的錯嗎？」

小曾的反應讓大家都嚇了一跳，覺得他變了個人似的。

聚會自然就不歡而散了。

就在這事情之後，聽說小曾的事業一落千丈，也在朋友圈消失了。最後聽說他的消息，還是來自一位原先有合作關係的朋友口中。

「他後來變得很不信任別人，連我這多年好友也一樣。我實在幫不上忙……」

原以為只是一個意外，沒想到卻在這位朋友身上留下難以彌補的傷痕，甚至影響到他往後的事業生涯。

生命中總會有許多意外，不經意之中會帶給我們打擊。因此面對挫折我們必須有堅強的勇氣，懂得如何調適自己去迎接挑戰。即使是那些不合理的事件發生，都可以想辦法解決，如果因此讓自己變得更激進，就是最笨的結果了。

不要怨這個世界不公平，因為不公平的事情太多了，我們只能調整好心態，去迎接每一個階段的人生。即使不盡人意，但求問心無愧，不必要求別人該如何對待我們，畢竟那些是你無法掌控的。

也別因為一個問題而以偏蓋全，認為所有的人跟事都是這樣，如此一來，除了多給自己一份壓力之外，也讓我們對未來失去信心，那就更難重新振作起來了。

當你能對那些不如意抱持著淡而化之的態度，再大的挫折都不容易將你擊垮，因為你會清楚你要什麼或是不要什麼。

因此學會沉著面對問題，別讓那些負面情緒影響自己的心，用更豁達的心境去面對人生，才不會讓不幸擴張。

不好的情緒容易讓我們誇大負面的印象，導致誤判情勢。

非關自衛

還有一種情緒暴衝是我常看到的，就是在國外——當人生地不熟時，我們往往最容易顯露自己內心的不安，甚至放縱自己的任性，認為反正這樣也沒人知道你是誰嘛！但卻忽略往往也給自己帶來傷害，那可是誰都救不了你的。

不知怎麼，我常看到國人到了陌生地方特別容易情緒失控，遠超過其他國家的人。我認為：這可能存在於一種自信心不足，當我們碰到棘手問題，或覺得對方「好似侵犯到我」時，馬上直覺反應，先發飆一頓再說。

這可能是覺得自己先鬧個脾氣來個「下馬威」，別人會比較看重自己，但其實正好相反。

記得一回在國外小吃店，看到一個觀光客和店家起了爭執，雙方吵得面紅耳赤。

仔細一聽，發現他們吵得根本不是什麼大問題，而是那位觀光客沒弄清楚服務生問他要喝什麼的手勢，對方送上一杯開水，結帳時，這位客人發現多一筆飲料帳單，因此跟店家吵了起來……最後還驚動警方前來。

其實總結只是一個很小的問題。在許多國家點一杯水是要付費的，如果因為自己不做功課，反倒怪罪他人，那就是自己的蠻橫了！

雖然最後不知道結果如何，但這樣大動肝火真的就能替自己爭取到什麼嗎？也許最後他還是得付這筆帳，白白浪費了一番唇舌，還讓自己在旅途中有了不愉快的經驗。

那麼，為什麼不在事前就先問清楚，即使有誤解也好好溝通，也不置於鬧得這麼難看，最後浪費了時間和心力。

因為有了這樣的印象，我同時觀察其他背包客怎麼處理糾紛。大部分的人通常都是用一種堅決的語氣表達立場，而不是爆怒。因為你是為了維護自己的立場，而不是來找麻煩的，不是嗎？

尤其在人生地不熟的地方，運氣好或許只是嘴上吵吵架就結束了，如果遇上惡人那可能問題沒有解決，就讓自己陷入更危險的處境了。

哲學家喬治桑說：「憤怒能使小過變大過，有理變無理。」

只知道用發脾氣來解決問題，其實不但沒能如你預料中贏得別人的尊重，反而得到負面的效果。尤其在一個文化跟語言不通的環境下，你比較需要的是「建立信任」，而不是破壞彼此的關係。

過度的防衛手段其實只是凸顯一種自卑的心態，而不是真的保衛自身。一旦你先讓關係變得緊張，反而無法贏得他人的支持，更別提順利解決問題了。

遇到問題最重要在於化解難關，而不是要別人「怕」你。

一個聰明人應該懂得運用智慧，找出解決之道，而不是淪為情緒化，那只是一種粗糙又幼稚的做法。相對的，也很難得到別人的尊重。

當然，每個人都希望捍衛自己的權益，誰都不希望被侵犯的感覺——但是，你會這麼想，別人是不是也這麼認為呢？

當我們把矛頭對準對方，別人當然也會起身捍衛自己，這樣的衝突一觸即發，你等於引燃那個爆點。如此只會導致最糟糕的後果，而非你當初所希望的。

對於不合理的狀況我們要爭取，但如果純粹是誤解呢？那更需要冷靜的溝通才是王道。

沒有人需要忍受他人崩潰的情緒及毫無理由的謾罵，那種情緒最後會反彈到自己身上，而失去原本的初衷。因此學會如何溝通是第一步，試著去理解別人的立場。

任何事只要站在一個「理」字，便能走遍天下無敵。因此當你先失去理性，那就輸定了！

要造成自己雙贏的地步，凡事千萬冷靜，觀察再觀察，讓自己站在有利的角度，那麼你所爭取的自然而然會到來，而不是先發制人的亂發脾氣，最後得不償失。

如果想贏得別人的尊重，自己就得先站在他人的立場去著想，己所不欲，勿施於人。

壞情緒是一種病毒

每個人都會有情緒，有快樂也有低潮的時候，它就像我們心中的「好人」、「壞人」角色，那一個比例比較重，就注定偏向那一方。

這樣的情緒也很容易傳染給他人，通常如果我們被一群歡樂的人所圍繞，你很難不跟著手舞足蹈，即使一旁觀看著，也會情不自禁的擁有一個好心情。如果相反呢？想必處在愁眉苦臉的人身旁，連一個笑容都會感到心虛吧！

誰不希望自己能經常保持愉悅的心情、遠離憂傷，就像是植物喜愛陽光一般，愉悅的情緒令人振奮。相信每個人也希望把好心情帶給別人，也從別人那裡接收到正面能量。

可是當我們陷入低潮，卻往往忽略了這一點：就算你沒有這麼想，卻無形中把這樣的情緒帶給他人……

在一次朋友聚會中，朋友K悶悶不樂的。即便周圍的人笑語不斷，卻似乎沒感染到她有。

「喂，妳怎麼了？剛才的故事說得好好笑喔！」

突然有朋友提醒她，然而K卻只是勉強揚起嘴角，一副皮笑肉不笑的模樣。

朋友看她這樣，也就轉身不理她。只見周遭的吵雜似乎跟她一點關係都沒有，K以為出來散散心能讓自己好過些，沒想到情況更糟。

連偶而注意到她的人都開始批評她的態度了，這讓K更難受，只好提前離開這場聚會。

她不懂，為什麼她就是無法讓自己融入那種氣氛，甚至還遭受批評，於是心情反倒更混亂了。

當我們想藉助外在的力量來改變自己，畢竟很有限，當你以為心情不好去一個歡樂的場合，其實反倒顯得你格格不入，甚至影響到他人。這時的你，不是硬逼著自己往極端的氣氛裡鑽，而是先讓自己平靜下來。

情緒往往是一種極端，如果不將心情拉回來，它就會不斷往一端傾斜。剛開始你可能只是一點點心情不好，然而越往裡頭鑽，把狀況越想越糟，便不斷沉溺下去。

這時如果能讓自己「止血」，暫時先拋開那股煩惱，這才能騰出一些空間讓快樂的事情進來。學會療傷止痛是第一步，而不是奢望藉助外在的氛圍來改變自己。最糟糕的狀況是：懷著一個不愉快的情緒，到處想找人訴苦，發洩心中的不滿，不但於事無補，無形中也把這樣的情緒帶給他人，造成別人的困擾。如果訴說的對象另有心機，豈不是更替自己找麻煩？

壞情緒是一種病毒，雖然不是嚴重如同憂鬱症，必須求診看醫，但卻可能無限蔓延。不管是為了自己或周遭的人好，在你還能控制之下，節制自己的情緒，慢慢用時間去化解，而不要想從外界來尋求解脫。

況且心情低落容易讓自己身心陷入不健康的狀態，拖得越久，越容易想不開，可能原本只是一件小事，最後卻變成大問題。

改變心情的解藥還是要靠自己，否則無論外在環境如何改變，
也改變不了你的內在。

PART 5

為情緒解套，從此擁有好心情

在質問之前先三思

我們是不是都曾經有過這樣的經驗：常在第一時間的反應下做出錯誤的判斷，犯了人際關係的大忌，不僅在對方心中留下傷痕，也替自己的未來埋下不利的伏筆。

有時只是自己健忘，或是沒仔細檢查清楚，心底就先浮出一個印象：「我的東西掉了，是不是被人偷走？」

於是憑藉自己的推論，回想最可疑的「嫌犯」，接著立刻找上門去質問對方。被問的人一頭霧水，甚至惱羞成怒，認為你侮辱了他的人格。於是在一番爭執之下，雙方都開始火大，造成彼此的關係破裂……

然而真有其事嗎？還是只是一時的誤判？

等自己冷靜下來，突然發現東西其實沒有遺失，只是一時忘了隨手放在哪了。

這時找回東西簡單，但破裂的友誼卻再也無法修復。

在職場上、感情上亦是如此，因著當下直覺反應往往最容易讓人犯下無可挽回的錯誤。

或許是聽信謠言，還是有心者三言兩語的煽動，讓我們失去了理智，把情緒發洩在別人身上，最後倒楣的會是自己，而不是那個中傷者。

如果你認為別人在你背後做些小動作、或是被背叛感情，其實還有更好的方式去查明真相。觀察是一個重點，而不是怒氣沖沖的直接跑去質問對方。

試想：即使對方真的做了對不起你的事，當下第一個反應也是會否認，你問了不也是白問？更何況如果對方沒有做呢？那你不是「討打」嗎？

別把陌生人當成家人一樣，以為無論你做什麼事都會被原諒，人際關係要建立很難，毀壞卻在一瞬間。

記得自己在年輕不懂事時，就曾犯下一個錯誤。

某晚買了幾顆烤蕃薯回家吃，剛好租屋處的同學妹妹跑來，於是跟對方聊了一下。等對方一走，轉身想找剩下的一顆烤蕃薯，卻發現不見了。

那時年輕氣盛，第一個念頭便是衝出房門，告訴同學這件事情。當然同學也跑去質問妹妹，弄得妹妹一把鼻涕一把眼淚的。

最後要睡時，我把棉被一掀，竟然發現是自己隨手把蕃薯放在床上，不小心被棉被蓋住了。雖然事後跑去跟對方道歉，但房子是朋友家人的，我也因此被迫離開那個租處，從此跟那位同學形同陌路。

這值得嗎？只是一個沒什麼價值的東西，卻毀壞了我跟同學他們一家人的關係。

後來這段往事常常在我的腦海出現，尤其當我覺得懷疑他人時，總是會告訴自己，先把事情弄清楚，別再因衝動而壞了大事。確定、確定再確定，好讓你在犯錯之前懸崖勒馬。

雖然你有你的立場，但別人也有別人的想法。如果沒做錯事的人，一下子被這樣質疑，心裡一定會覺得很痛苦，好像人格被污衊了。得罪君子還好，如果你偏偏碰到的是小人呢？那可能要吃不完兜著走。

別以為每個人都該有同理心，問題是你在當下，是否也對他人擁有這樣的想法。如果你也抱持這樣的心態，在去質問他人之前，先冷靜分析一下後果：我這樣是否會令人難堪，萬一錯怪了對方？在毫無證據之下，是不是應該先站在保留的態度上呢？如果能稍微冷靜一下，多給自己一點時間去證明，或許結果就會變得不同。

把錯怪在別人身上很容易，要檢討自己卻很難，或許當下我們覺得自己受到損失，心裡感到委屈，但隨便去質疑他人，等於把這樣的情緒轉嫁到他人身上。那對別人是很不公平的。

能多想一點，或許就能遏止自己那股衝動，先把事情搞清楚了再說，以免造成更大的誤解。

確認、確認再確認，是避免自己犯錯的方式之一。

測試自己的壓力承受度

同樣一件事情發生，有些人可以保持冷靜，有些人卻開始氣急敗壞，這將會導致不同的結果——正可以看出一個人的成就與否。

那些總是很容易激動，過於情緒化的人，經常會為此付出代價。當好不容易有一點點小小成績，又被情緒化弄得倒退幾步，如此一來，當然追不上別人的成就了！

當下情緒化的反應可能忽略了所影響的層面，這就像是逞一時之快的結果，通常都造成難以收拾的爛攤子。因此我們經常會聽到「危機處理的重要性」，就是拿最危急的狀態下去測試一個人的反應，這決定了一個人的高度，也決定事情的成敗。

唯有臨危不亂的人才能保持這最佳狀態，用理智去處理事情，而不是感情用事。

這標準似乎有點嚴苛，但事實就是如此。情緒導致我們慌亂無知，往往做出最糟糕的決定。你也可以從中分辨出一個聰明人與蠢蛋的分別。

有一次在航行中，忽然變天了，整個天空籠罩著黑壓壓的烏雲……那艘帆船的主人立刻慌亂起來，指使著他的助理：「快往回走！」

助理是回頭了，但風浪已經太大，船隻根本無法掌控方向，當他們的船被浪打向右方，船主人立刻大喊：「快！轉向左邊、不、不、再右邊一點……」

他的驚恐與慌張反而影響助理，最後主人乾脆搶過船舵，粗暴的推開助手。不過他卻忘了自己幾乎沒有這方面的經驗，於是船隻劇烈搖晃起來，偏斜得厲害，眼看就要……

一起出航的另一艘帆船主人卻很鎮定，及早收起風帆，聽從有經驗的助手和大海力搏，最終成功飄向附近的岸邊。

看得出差別嗎？那些面對壓力承受力低的人，一出事總是一馬當先跑出來：「我來就好！」他們只信任自己，卻表現得像個驚慌失措的小雞，找不到方向感，最後的結果可想而知。而冷靜的人卻能把壓力當成一個挑戰，沉著應對，無論成功失敗都能坦然面對，反而替自己找出另一條生路。

你可以看到那些運動員的訓練，通常都是在極大的壓力下，必須專注而冷靜去突破自我極限。他們不能耍性子說：「老子不玩了！」也不能意氣用事跟對手直接對決，因為他們清楚唯一能贏過對方的，就是在比賽場上比對方更穩定。

人生不就如競技場一般，不管你能力多好、實力多強，只要一涉入情緒化，便容易全盤皆輸。這是訓練運動員的方式，運用在我們生活上也是一樣的道理。

人生難免有風雨，有些事情可大可小，就看你怎麼認定。當我們會為一點小挫折而驚慌失措，往後還會有更多應付不完的狀況，把你折騰到心力交瘁。

如果你能分辨，全心專注在處理大事上面，而不讓那些枝節瑣碎的問題分化你的精力，那麼你的成就會更大，再大的困難都擊不倒你。

生活最難控制的在於情緒——當你轉變一個念頭在「如何解決問題」上，你就很容易跨越情緒的障礙，讓壓力轉換成一種成長的動能。

保持冷靜，可以讓我們輕鬆度過每個難關。

別把過程當成結束

我們經常看到那些老人家，拿著一張椅子坐在走廊，他們呆望著天空、眼神空洞的結束這一天。他們不想什麼、也不做什麼，不跟現代社會接軌，也難以跟年輕一代溝通，活著對他們來說只是生命的延長而已……

你希望自己這樣嗎？

正因為我們年輕還有機會，我們可以創造更好的人生而不是停滯，如果任一時的情緒影響到你的未來，那跟一個眼神空洞的老人家有什麼不同？

因為年輕所以我們有無限的可能，當然你可能更好或更壞……這取決於你面對生活的態度。

笑著也是一天、憂愁著也是過一天，但結果渾然不同。

你是急著豐富你的生命，還是任光陰蹉跎，這跟你的心態有關。別讓那些無謂的情緒，影響到我們追求美好生活的動力，那對生命將是一種浪費。

愉悅的心情讓我們生活充滿希望，能積極面對每一天，迎向不同的挑戰。你把所有困難當成追求成功的關卡，一次又一次讓自己更加成長，生命充滿閱歷也更加成熟。然而憂慮卻令人萎靡，晦暗的心情讓自己退縮。

當然，人不可能日日是好日，再樂觀的人也有情緒低潮的時候，只是他們處理情緒的態度不同，因此展現在他人面前的都是陽光的一面，也讓人感染那股活力，間接也影響了自己本身。

如果你相信人是會相互影響的，自然你不希望把壞心情帶給周圍的人，而你也會希望能從旁人那裡接受到好的能量。因此保持好心情是很重要的原則。那並不是代表你必須去掩飾自己內心的憂鬱，而是去改變：學會轉換一種心境，讓痛苦淡化，才能讓好的事情進來。

我曾經有位朋友總是那麼樂觀開朗，甚至很喜歡當別人的心靈導師，只要你有困難她都很願意伸出援手。對於這麼一個積極熱情的友人，我經常很懷疑，難道她都沒有情緒失落的時候嗎？

在一次遇到她很親密的友人，也是住在一起的鄰居告訴我：

「當然，你以為她沒有傷心的時候？我就聽她提過。」

「喔？可是一點都看不出來呀！」我有些訝異。

那位友人輕鬆一笑說：「因為再難過的事在她身上都不會停留太久，我也很少看到她為了什麼事情沮喪得大哭。」

這倒讓我對她另眼看待了。原來她也跟其他人沒什麼不同，也會有心情低潮的時候。只是差別在於她懂得如何處理自己的情緒，不太會到處找人訴苦，以致於讓周遭人都認為她一直活得很開心，是一個無憂無慮的人呢！

每個人都難免遇到挫折，避免不了沮喪、憂鬱的情緒襲來，但如何縮短壞心情在身上停留的時間，也影響著你的生活態度。

那些委屈及無法掌控的狀況，畢竟都發生了，我們可以讓它停留很久，也可以讓它成為一閃而逝的「回憶」。我們不需要任那些痛苦折磨，而是可以轉移注意力在那些更快樂的事物上，重新找回生命中的活力。

跨越了那道障礙，你會發現世界上值得你關注的事情還很多，何必作繭自縛，總是在憂愁中打轉。

讓悲傷在你心中停留得越短暫，越不容易影響你，這是一定的道理。學會扭轉自己的情緒，是改變的第一步，出去曬曬陽光，接觸不一樣的人群，你會發現：這世界並不只是你一個人的孤單而已。

痛苦終將過去，除非我們不肯放手。

幸福是比較出來的

當我們心情不好，陷入低潮時，通常都會覺得自己怎麼這麼不幸，埋怨為什麼所有不好的事都發生在我們身上。

這時候不妨冷靜一下，想想你真的有這麼不堪嗎？生活真的一點都沒有值得你開心的事嗎？

當我們關起門來，用自己的思維、以自我的想像，跟周遭那些比你成功的人來做比較，當然覺得挫折感很深，開始有一種自我貶低的意識，覺得自己幾近悲慘的地步。

但那其實是以管窺天的心理，覺得世界就是你眼中那麼大，就是你所見到的那樣，卻忘了有時候幸福是比較出來的。在你最低潮時，硬要跟那些「人生勝利組」相比，當然只會令自己更憂鬱。但世界上就只有這種人嗎？

你可能忘了，其實你比許多人還要來得幸福。

很多的不快樂是自己觀念所造成的，那可能是一時的挫折，對現況的不滿所導致。你認為比別人聰明，為什麼機會總是輪不到自己？

你已經很努力了，為什麼還是追不上人家？

你為公司付出不少，為什麼最後裁員卻落到自己頭上……

我們會為失敗找藉口，卻很少為成功找理由。那個最佳的藉口就是認為自己「不幸」、「有夠倒楣」好像所有人都棄你而去，那些人都是自私、功利，而自己則是一事無成的混蛋。

零負評女神林依晨說：「對於你討厭的事情，不要急著抗拒。我生命中的許多禮物，都是我討厭的事給我的。」哲學家培根也說：「當你往最壞的方面去想，得到的也是最壞的結果。」

如果我們要自找罪受，最好的方式就是自憐、自我貶低，認定自己是世界上最不幸的人……

但是，真的是你所認為的那樣？你就完全沒機會了嗎？但如果跟其他人比呢？常言道：「比上不足、比下有餘。」或許你還不知道，其實有不少人偷偷的羨慕著你呢！

有一次在國外碰到感情上的挫折，朋友帶我到海邊散散心。

走著走著，腳下好像踢到了什麼，低頭一看是一包塑膠袋包著的雜物。原以為是包垃圾，但發現有個人躺在旁邊，想必是對方的「家當」吧！因為這一注意，發現不遠處也零零散散一群人躺在海邊。

那時天真的以為他們是來這裡遊玩的，於是順口說道：「這些人真會享受，晚上跑來海邊吹風……」

朋友笑了笑，表情卻有些無奈。「不，他們不是來玩的，是來睡覺的。」

「睡覺？你是指在海邊過夜嗎？他們為什麼不回家？」我好奇問。

「因為他們沒有家呀！怕睡在路邊被人趕，於是就到海邊來了……」朋友回說。

這讓我訝異極了！也顯得我是多麼無知，竟然不知道會有這麼一群人如此生活著，相較之下，我那種以為「天要塌下來」的感情問題，就顯得渺小而不值一提了。

當有人在為生存掙扎著，連個屋頂都沒有的時候，我們還為著一些風花雪月想不開，那真的有夠可笑！我們以為的不幸，其實在某些人眼中根本算不了什麼，因為我們擁有的比許多人還要多，只是自己看不清而已。

有人這樣生活著、有人那樣的生活著，我們不過是滄海中的一粟，幸與不幸其實只是在一念之間。多往好的一面去想，你會發現其實擁有的不比別人少，你過得比許多人還要幸福，不管是物質或是精神上，你都有許多該珍惜的地方。

知足可以改變我們的觀念，不要老是想去追求那些不屬於我們的東西，就不會老是陷入痛苦掙扎。有些事物值得我們去追求，有些東西失去了也沒什麼大不了，至少你還擁有現在的生活，還有許多人在關心著你，不是嗎？

不要因為失去而憂傷，反倒是該珍惜身邊現有的事物，更積極
追求屬於你的幸福。

這世界不會因你而停止轉動

當我們的心中在下雨時，許多絕望的念頭占據腦海，讓我們做任何事情都心灰意冷起來，覺得任何事情都毫無希望。

情緒可以讓一個積極樂觀的人變得散漫，那個愛笑的人開始哭泣，連被稱羨的幸運兒都以為自己開始走倒楣運了。

但事實是，如果你能靜下心來轉個念頭：世界並不會因為你一個人的憂慮而停止轉動，你只是把自己關進了牢籠，在小小的世界裡想像，忘了轉頭望向窗外的藍天。

所有的灰心沮喪並不能改變什麼，除了你自己。

心情的憂鬱把我們推向痛苦的深淵，讓我們離開了正常的生活軌道，走入一個黑暗的世界。你將不知道自己錯失了什麼？又獨自面對了哪些？

如果可以暫時離開所處的情境，會發現其實這世界並沒有改變，變的只是我們的心境而已。而你其實還是那個你，只是被陰鬱收服，將自己推入一個痛苦深淵。

朋友因為生意的失敗，著實鬱鬱寡歡了一陣子，連健康都因此亮了紅燈。

一次在醫院附近遇到她的小孩，我很關心，詢問起這位朋友的狀況。她的女兒告訴我：「媽媽現在連門都懶得出，我正是過來幫我媽媽拿藥的。」

「那我找時間去看她好了。」我回說。

「如果你現在有空，不如跟我回家吧！也許你能幫忙勸勸她。」

當下我欣然答應。一到朋友家，看到朋友一副憔悴的模樣，人也瘦了許多。看到老友前來，拉著人又開始訴說那個損失，說著說著又掉下淚來。看來怎麼勸也沒用，忽然，我眼睛瞄到客廳一盆美麗的百合花。於是把話題轉移到那上頭。

「誰買的花，這麼漂亮。」

「那個桌巾也好美喔！」

「那是我小女兒縫的。」

朋友望著桌面發呆。

忽然這時候載我回來的大女兒送上一片蛋糕，還招呼了一聲：「這是我媽昨天慶生的蛋糕，是名店買來的，很好吃喔！」

說完，大女兒出門了。這才知道她的大女兒特地從公司請假，就是為了幫她拿藥。看到她所擁有的一切，令人不覺幽幽嘆了口氣。

「奇怪？你嘆氣幹嘛？」朋友轉頭看我。

「我是覺得羨慕你……」

「羨慕什麼？我才失去了事業呢！」朋友不滿。

「可是你有因為這樣，日子過不下去嗎？」

朋友愣了一下，搖搖頭說：「倒是沒有。」

「對呀！你有因為這樣而家庭破碎，老公跟你吵架離婚嗎？」

朋友這時低下頭來，像在思考著什麼。

「也沒有……他還說，錢沒了再賺就好。」

「那就是了！那你還有什麼好不開心的。」

這時看朋友眼角泛淚，嘴角卻微微上揚起來。

這世界並不會因為你的憂傷而改變，所有事情依然照它的規律進行著，那我們又何必拒於這個世界之外，讓自己的生活充滿灰色呢？

想像你手中握著一枝畫筆，你可以盡情揮灑在一張白紙上，你可以選擇繽紛炫麗，也可以抹上混濁暗沈的顏色，那是掌握在你手中，由你來決定，相信沒有人會希望弄髒好好的一張白色畫布吧！

同樣的，我們的人生也是如此，你想怎麼過，控制權在你手上，旁人無法決定一切，除非你願意交出「主導權」。

不管你的心情如何，明天太陽依舊升起，並不會因為你的憂傷而停止。因此日子得繼續過下去，與其悲傷的度過一天，不如想著如何讓明天更美好，也珍惜我們已有的幸福。

沉溺於憂傷並不能改變什麼。

往前多想幾步

當我們放任情緒衝動行事時，往往是因為只看到眼前發生的，卻忘了後頭可能面臨的危機，因此造成了一步錯、步步錯。若能多往前看幾步，你會發現其實很多事情跟你當下想得不一樣。

我們不知道情緒化的後果會把我們牽引到什麼地步，但無疑的，我們正在替自己掘著陷阱往裡跳，這是毋庸置疑的。尤其這又是別人設計的陷阱呢？當我們失去了理智，什麼都很可能發生。

日前，聽聞朋友T發生一種車禍，聽到這個消息後感到非常訝異，因為我坐過T駕駛的車，當時還誇讚他技術一流，且他身旁的朋友對他的駕駛技術都讚譽有佳。

所以，是別人的錯囉？

經了解後得知：原來朋友T是在車上跟人大吵了一架，他氣不過轉過頭去跟對方理論，卻忘了方向盤在自己手上，結果可想而知，再厲害的駕駛都不可能安全過關，除非他運氣夠好。

是甚麼原因導致一位駕駛技術頗佳的人忘了眼前的危險，而做出不理性的行為？這當然跟情緒脫不了關係。當我們處於盛怒之下，常只想解決眼前的問題，這時對於旁邊即將發生的危險都不考慮在內，忽略了可能面對的下一個關卡，當然很容易造成傷害。

同樣的，情緒低落雖不像在氣頭上那種衝動，卻也可能激起我們一些負面的行為，只是當下的念頭，事後卻會讓自己後悔不已。

培根曾說過一句名言：「禍患往往隱藏在微小的地方，而發生在人們疏忽的時候。」

我們最容易被情緒蒙蔽了雙眼，那些平常不以為意的小枝節，卻替自己帶來莫大的災難。這從很多的意外都可以發現，最大的危險通常不是發生在人們準備好的時候，而是最放心的時候。

越是我們以為很有把握，也就變得毫無危機感，無須擔憂的時刻，正是危機四伏，最容易受到傷害的時候。就像朋友T對自己的開車技術太有把握，以致在最擅長的領域中遭到致命的一擊。這全然是情緒失控下的禍害呀！

讓情緒左右了我們是最愚蠢的，無論再厲害的天才也會降為白癡等級，讓我們的行為舉止失常。

古人說：「魔鬼就藏在細節中。」你可以把它想成完成大事的關鍵，也可以將之比喻為：忽略細節將遭致重大災難。如果我們能在情緒即將發作時，多想幾步，或許就能避開許多麻煩了。

執著在眼前的某一點上，讓我們過不去，也無法訴諸理性。要是能預見背後可能帶來的問題，將有助於我們保持冷靜的態度，用更明智的態度來解決問題，任何事情不可能只憑著一股衝動而完成，有時衝動可能只是一股動能，但還需要周詳的計畫才能順利進行。因此情緒化並不能真正解決問題，只是讓你誤以為當下處理了，事實上卻一點效果也沒有。

他人的退讓只是一種表面上的太平，讓你得到某種情緒上的滿足，但引起的後果卻是你當時難以想像的。

因此，給自己留些退路，也為事情保留一些轉圜的空間。你只需要稍微往前多想幾步，就不至於衝動做下讓你後悔的事，也免去將來得收拾更大的爛攤子。

多想幾步，有助於你冷靜下來，避免犯下大錯。

做事沉住氣，退讓不代表示弱

我們可以觀察到：通常那些會大發脾氣的人都有一種先發制人的觀念，企圖用情緒來震懾住對方，好讓自己達到占上風的目的。在某種狀況下為了保護自己也無可厚非，但如果只想以此來拿到主控權，那麼可能倒楣的是自己，而不是你所設想的「敵人」。

對於意見相左的兩人，如果彼此誰也不想讓誰，無法接納對方不同的想法時，這時就很可能在情緒上擦槍走火。你有你的想法，但抱歉我覺得我的才對，於是衝突就此產生了。

這經常會發生在各個角落：職場、家庭、男女感情，甚至是頻繁發生的交通事件，不都來自於雙方用先入為主的態度，誰都不願先退一步，導致發生無可挽回的錯誤。

事情總有一體兩面，當我們爭著那一口氣，就算表面上贏了，事實上卻可能是最大的輸家。

「沒情緒的是物，有情緒的是人，能夠很好的控制自己的情緒就是人物。」老楊的貓頭鷹在他的著作《寧與高手爭高下，不與傻瓜論長短》也寫到，「如果爭吵可以解決問題，那麼潑婦一定是個高薪職業，如果靠吼可以搞定一切，那麼驢將統治世界。所以，當你急著想要發飆的時候，不妨試著提醒自己『這只是上天的考驗』。」

硬碰硬的結果只會兩敗俱傷，情緒氾濫的人生需要「後果自負」。

很多時候我們好強，喜歡爭第一，通常都是在情緒控制下，讓我們有了競爭的心態，認為非得把對手扳倒不可。

當你這麼想時，難道對方不會這麼想嗎？於是把一件小事看成天大的重要，非要拚得你死我活不可。等冷靜下來，會發現那根本不值得。

仔細用客觀分析，就算贏得一時又怎樣？這在解決問題上有加分嗎？我們從中又得到更大的利益了嗎？

有些問題本來就沒有絕對的對錯，只是各自的觀點、做法不同而已，同樣都能達到目的，那麼當時又為何一定要搞得兩敗俱傷？非得照自己的意思去進行不可，這樣的爭執不過是一種無謂的過程，這不僅對事情沒有幫助，反而浪費時間，也傷害到彼此之間的感情。

最糟糕的是為了反對而反對，抱持別人就應該聽從自己的心態，只會引起更大的反彈……

拿破崙說：「唯一真正的勝利在於戰勝無知。」一味覺得別人都應該聽你的，只是淪為一種情緒化的作為，且情緒的感染下容易降低人的智商，造成判斷力減弱。這時的你能分辨什麼是最好的嗎？我認為在此情況下反倒容易讓人逮住弱點，受到致命一擊。

因此，在衝突產生的當下，你的退讓並不代表你是個弱者，反倒是那個更理性的人，因為你呈現了最能解決問題的一方，那是一種智慧而不是承認失敗。

退讓是一種哲學，是具備高度涵養才擁有的表現，將讓你贏得更多的支持，等於不戰而勝。看到對方一副悻悻然的表情時，你應該慶幸自己沒有被情緒沖昏了腦袋。

有位朋友A是跆拳道高手，在道場裡表現從未輸過。一次因為交通問題而跟人起了爭執，對方「傢伙」都拿出來了，一副要跟他火拚似的。對方卻一點也不知道，他面臨的是什麼樣的對手，更何況整件事情是對方也有錯。

在劍拔弩張的當下，忽然看到朋友A冷靜下來，客氣的請對方原諒，就在一番說理下和平落幕。離去時，對方還拋下兩句狠話，幸好朋友沒被激怒。

這讓我很訝異，以為朋友A會追上去讓對方好看，但朋友A並沒有，還很平靜的開車離去。

我忍不住問：「你就讓他這樣囂張？以你的戰力即便和他起衝突肯定也不會輸。」

「為什麼要這樣做？」朋友A安靜而穩定的回答說：「如果你明知他不是對手，一旦動手起來豈不傷害更大？」

朋友A的話讓我恍然大悟。原來真正能考慮大局的人才是強者，而不是那個說話最大聲的人。真正厲害的人物，往往在關鍵點表現出來。

所以，當衝突一觸即發時，你覺得誰才會是贏家呢？肯定是最冷靜的一方。

越是會虛張聲勢，越是輸家角色。

轉移注意力

小芳剛搞砸手上一個大案子，可想而知從四面八方的指責幾乎快把她壓垮。主管的步步進逼，想霸占她位置的小人同事動作頻頻，讓她每天上班都像處在地獄一樣。

她開始考慮離職遞交辭呈，並想著最好能在離職前痛罵那些欺壓她的同事。

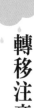

當她把這樣的念頭告訴好友時，這位好友只是冷靜的看了她一眼，接著說：「先暫時把這件事放下吧！跟我一塊去學瑜珈怎樣？」

「啊？」

小芳沒想到朋友會有這種反應，但想想這也不是什麼壞事，至少可以讓她身心舒緩一下。

沒想到小芳學了瑜珈之後，產生莫大的興趣，又可能是因為心中一股氣無從發洩，讓她更專注於這項運動上。

沒想到過了一段時間，小芳越學越投入，甚至還去考了瑜珈師證照，加上因對原公司沒有任何戀棧，當然就順理成章的辭去工作，並在瑜珈師領域另闢發展空間。

這時候小芳對於之前的公司已經沒有怨氣，更別提原本想大鬧一場的企圖了。她感謝那個令她失望的工作，反倒激發出她另一條生涯之路。

這算是一個最完美的結局，對小芳而言，她再也不在意前同事們如何在背後說嘴，因為她重新肯定了自己，也替自己開創了職場另一條新的旅程。

當一個人被情緒控制時最容易想不開、鑽牛角尖的，無論什麼好言善語都聽不進去，甚至行為失控，這時，如果能轉移注意力就可以讓我們冷靜下來。

試想當你面對孩子發脾氣時，你會怎麼做？你如果跟對方硬著來只會換來更無理取鬧，但如果拿個糖果玩具讓對方轉移焦點，會發現小朋友很快脾氣就沒了，開心玩起玩具，這就是一種情緒的轉移。

而我們成人不也很多時候跟孩童一樣，情緒往往讓我們回到一種幼稚狀態。你所有的理性都被壓抑，想的都是那些令你火大的事情，不斷在腦海中盤旋。這時除非再有其他事物介入，否則我們很難從當下的狀態抽離。

不管怎樣，讓情緒抽離是處理問題糾結最好的方式，如果我們一直待在那樣的氛圍，無形中只會肩頭擔子越來越重，越想越糾結，甚而無法控制自己的做出脫序的行為此時，就必須藉助其他的「力量」，讓自己不再一直被負面的念頭綁住。那種「力量」說穿了不是什麼神力，就是把注意力放在別的事物上頭。

當那些負面情緒一股腦進來的時候，最好的方式就是起身去做別的事情。就算是很簡單的打掃或是逛街找一群朋友去K歌嘶吼、運動到大汗淋漓，甚至是好好睡一覺，都可以讓我們暫時脫離那樣的情境。給自己一點時間冷靜，等你再回來面對時，可能又有不一樣的想法了。

「懂得放空心靈裡的情緒，才能享受人生的每一處風景。」讓腦袋放空一下，你不是去替自己找麻煩，而是先暫時離開。就算做些無聊、瑣碎的事也好，那不算是浪費時間，反倒是對自己的心情有沉澱的作用。因為你這時無論做什麼都不對，與其因為衝動而犯錯，還不如省些力氣為自己留點空間吧！

不管天大的事情也不急於一時，除非是那種危急自身性命的事。當你跳脫那樣的情境，可以幫助自己想開一點，適時放空一下，對身心都有益。

生活中還有許多大大小小的事值得你關注，大到全球性的環境污染、政局的動盪，小到關懷你周遭需要關心的人，這些都是你可以去注意的，而不是把生活擺在「唯一」問題上，認定那就是你全部的世界。

說不定當你把注意力轉移到其他事物上面，還會幫助你開啟另一扇窗呢！

停止情緒的高漲，有時你需要暫離一下。

有智慧的人，不是沒有情緒，只是不被情緒左右

我的朋友小敏是位能力不錯沒有心機的小爆女孩。一次就因為自己的情緒容易被傳染，跟著別人的情緒走，而被當槍使了。

「小敏，你知道湘玲有多過分嗎？」

中午小敏跟幾個同事聚餐，其中一個同事表情嚴肅的說。

「怎麼了？」

「她把原本小倩寫的企劃假裝是自己的呈報上去，還故意跟主管說：『小倩什麼也沒做』，把所有工作都賴給她。」

「真的？太過分了！」

小敏轉頭望向小倩，小倩則是一臉委屈的模樣，加上其他同事都為這事打抱不平，一時間小敏的正義感油然而生。

這時又聽同事慫恿：「小敏，你跟主管關係最好，他平常也很看重你，你找機會去跟他說明啦，怎麼樣？」那位同事提議說。

小敏立刻反應道：「好！我下午就去找主管，絕對不能讓小倩吃虧，讓湘玲得逞。」

當小敏怒氣沖沖，跑去主管辦公室替小倩說話時，沒想到桌上就擺著那份企劃案，上頭還註記是湘玲的名字。

「這是……」

「這是小倩幫湘玲呈上來的企劃案。」主管冷冷回道。「請你別事情沒搞清楚之前，就這麼毫無理由的發飆。你這麼衝動的，我怎麼敢把重要事情交代給你呢？」

小敏被狠狠打了一巴掌。

當她回頭想找小倩他們問清楚時，卻發現那夥人躲她躲得遠遠的，這也難怪了，因為她瞬間從公司「紅人」掉到黑名單，還是「留校察看」的位置。

能怪誰呢？只有啞巴吃黃連，有苦說不出了。

有些情緒是被動的，因為受到外來的影響而讓人失去控制。有些過於善良而意志不堅的朋友，甚至是情緒易波動的你，是否因能很快地察覺他人的情緒變化，而容易受他人的情緒影響，在煽動、挑釁等氛圍的影響下，被牽著鼻子走，不僅要承擔自己的負面情緒，還要額外負擔他人的情緒。

相信每個人都會有一套處事的標準，但這些原則有時會受到外界干擾而動搖，最容易被干擾的，莫過於情緒了，這時容易讓自己失控換成了別人的準則、別人的主意，傻傻跟著執行。

因此，想擁有自我意識，第一步就是要學會冷靜。抱持著「泰山崩於前，依然面不改色」的穩重，才能保有自我，斷絕外界的影響。

當我們的情感蓋過了理智，所有的行為都很容易失控。這時的你已經毫無判斷能力，最容易受到他人的左右。所造成的傷害當下可能看不見，以為發洩完就沒事了，怎知這種不理智的行為替自己種下了「惡果」。

這從很多「一窩蜂」的社會現象可以看出，無論是對政治的狂熱、在職場上的不滿，稍微被一煽動，你往往都搞不清楚自己的行為已逾越了分際。

最後傷害了誰？不是他人，只有自己以及跟你最親愛的人，因為你已經成了別人的棋子，成了別人控制下的魁儡。

「別讓人生，輸給壞情緒。壞情緒不是人生的全部，卻能左右人生的全部。」

對於群體的鼓譟要有足夠的自制力，先沉靜下來做判斷，而不是依附他人做決定。

壞情緒是對生活具破壞力的強震

情緒永遠是一種破壞的殺手，它會對生活造成負面的影響，對感情、工作都造成負面影響。如果我們放任那些負面情緒不斷飆升，只會讓自己的生活深陷泥沼，狀況日益惡化，甚至成為壓死駱駝的最後一根稻草。

因為情緒是一時的衝動，淹沒了我們的理智，那時你所做出的一言一行都很可能犯了重大的錯誤而不知。當下所造成的傷害，事後再來彌補已經很難，即使得到原諒，畢竟傷害已經造成，形成一道疤痕，就像是生命中的印記一樣永難磨滅。

當我們容易毫無掩飾的發洩心中的怒氣時，這可能只是起源於一點枝微末節的事物，卻無意破壞了原本親密的關係。

這可能一點一滴累積自己都不知道，直到事態嚴重，才驚覺已無挽回的機會。這是很多過來人的經驗。

情緒化對於親密關係無疑是一件壞事，只要你往後多想幾步，可能就不會這麼做了！

西方哲學家奧利略曾說：「急憤乃人生的致命傷。」

「用沉默代替複雜的情緒，不要再讓事情發酵。」別人會把你感情用事所說的話認真，把那些一舉一動記在心底，就算事後你做任何補救動作都已經來不及。這都是情緒化的後果，應該事先防範。

如果我們可以換個念頭，用「加分作用」來時時提醒自己——你所作所為究竟對事情的發展有沒有增值？如果沒有的話，何必給自己找麻煩呢？就算得到一時的抒解，卻賠上加倍損失，衡量之下一點益處都沒有的。

「心情不錯時，凡事都不難；心情不佳時，事事都糟糕，甚至難以忍受。」當我們快樂的時候，所有話語都會朝正面的方向，你會去讚美、歌頌美好的事物，很少人會在快樂時批評攻擊別人吧！但當情緒低落時，無論什麼都會變得不順眼，這時所有的行為都會是負面導向，而破壞原本美好的生活。

在參雜著情緒的語言和行為，都很難對事物有正面的影響，這時我們千萬不要做任何決定，特別是攸關重大決策或面對自己很在乎的人身上。那都是很不智的，因為逞一時之快，讓我們失去生命中最重要的事物，造成得不償失的後果。

因此學會抑制情緒的波瀾，寧可在這時候什麼都不做，也比冒冒失失去做些什麼得好。

心情不好時要低調，情緒愉悅時不妨高調，別人自然而然能感受到那股活力，而讓你在生活中做出更多對的事。

壞心情是一種破壞生活安定的力量，我們應盡可能避免在這時候做出任何決定。

過去就讓它過去

約翰雷說：「今日是過去的終結，而未來則是從今天開始。」

我們所有的不愉快都不可能是當下發生的，而是已經造成的事實，不管是短暫在幾秒鐘前發生過，或是以前的經歷，當時我們如何反應才重要，等事情過了再來思考，都將已成回憶。

無論是懊惱，還是餘憤未平都已無濟於事，除非你可以坐上哆啦A夢的時光機回到過去，當然這是絕不可能的。

無論如何，那些傷痛在心裡留下難以抹滅的遺憾，遺憾可能是在當下你沒做出最適當的處理，而成為心底的一個陰影。

電影《超人特攻隊》（The Incredibles）裡我最喜歡的角色，衣夫人說：「親愛的，我從不看過去，因為那會讓現在的我分心。」過去的已經一去不復返，再怎麼悔恨也是無濟於事。

那些挫折並不是毫無意義的，無論你當時如何面對，都將給自己帶來一個很寶貴的經驗。在下一次類似事件發生時，你可以更明智的處理，更懂得如何應付，這才是那些失敗所教會我們的，而不是一直糾結懊惱。

尤其那些突發狀況，還是你碰到的第一回經驗，任誰都無法完全掌握好，事情的發展也超乎你所預料……你應該把這當成很正常的事，不需要自責太深。問題如果是第二次、第三次，你讓類似狀況不斷發生，卻沒有更好的處理方式，那就要深刻檢討了。

我們在當下受了傷、受到委屈在所難免，把它當作生命的一種過程，誰都不可能平平順順過一生，總是難免會發生些意外，但在這教訓中我們學到了什麼，這才是最重要的。無論你如何懊悔都無可改變事實，只會讓自己深陷在不愉快的情緒當中作繭自縛。

我有一位朋友R，就是那種心裡老是貪戀過去，而忘了現在在身邊的人，儘管他可能沒有那麼好。R不斷懷念過去的初戀，認為那是她生命中最美好的一段時光。

她不斷訴說著那時的情景，在回憶的幸福和現實的不滿中拉扯，讓她憂傷難過。

「我那個男友對我不會像現在老公這樣，他總是呵護我、每天關心我吃得怎樣、睡得怎樣，只要一通電話他立刻現身，對他來講我就像是他生命中的第一。」

說到這裡，這位朋友開始淚如雨下。

「我再也碰不到像他這麼溫柔、那樣了解我的人了。」

「那你跟他為什麼會分手？」我很好奇問。

於是R「啦啦喳喳」講了一大堆，是很多沒什麼大不了的因素，但大部分時候她又陷入過往戀愛的甜美回憶。

「要是我當時嫁給他就好了……」

當她拿出名牌的絲質手帕擦著淚時，手指上戴著的鑽石戒指格外閃耀。

「那你為何不嫁給他？」我有點被她牽動。

這位朋友嘆了口氣，接著說：「我的家人鼓勵我嫁給現在老公呀！說他比較有錢，可以讓我生活過得高枕無憂。」

「那你呢？」我睜大眼睛望著她。

「那時我想想也沒錯。」

「這就對了！你當初的想法實現了，你也得到你想要的，不是嗎？」

R望著手中的鑽石戒指停止了哭泣。

當我們對現況不滿時，往往會回憶過去美好的片段，比較之下，更加深心中的怨恨。但過去真有這麼完美，而現在又真的這麼不堪嗎？

這只是因為我們把沒有延續的過往想像得太好，而對現在的處境過度往壞的角度去衡量罷了。因為我們容易對於未完成的事比對已完成的事印象更深刻，這在心理學中稱為契可尼效應（Zeigarnik effect）。而朋友R那位初戀就是那未竟之事，所以會不斷撿回和他的回憶。

感情是需要經營的，人和人在一起時間久了，漸漸地忽略了對方的優點，而把缺點放大。因感情或婚姻不順而生氣時，就提醒自己當初選擇的原因吧！

學著往前看、而不是老是回憶過去，如此才能走出陰霾，重回你該過的日子。

國家圖書館出版品預行編目資料

別讓一時的情緒，成為未來的障礙 / 徐竹著．——初版——
新北市：晶冠，2020.10
面；公分．——（時光菁萃系列 ；8）

ISBN 978-986-98716-9-3（平裝）

1. 修身 2. 生活指導

192.1 109012674

時光薈萃 08

別讓一時的情緒，成爲未來的障礙

作　　者 徐竹
行政總編 方柏霖
副總編輯 林美玲
校　　對 謝函芳
封面設計 王心怡
內頁插畫版權 Shutterstock, Inc. / cosmaa、Mary Long
出版發行 晶冠出版有限公司
電　　話 02-7731-5558
傳　　真 02-2245-1479
E-mail ace.reading@gmail.com
部 落 格 http://acereading.pixnet.net/blog
總 代 理 旭昇圖書有限公司
電　　話 02-2245-1480（代表號）
傳　　真 02-2245-1479
郵政劃撥 12935041 旭昇圖書有限公司
地　　址 新北市中和區中山路二段352號2樓
E-mail s1686688@ms31.hinet.net
旭昇悅讀網 http://ubooks.tw/
印　　製 福霖印刷有限公司
定　　價 新台幣260元
出版日期 2020年10月 初版一刷
ISBN-13 978-986-98716-9-3